目次

デパートの誕生

まえがき

　なぜか、昔からデパートが大好きなのである。とにかく、何の用事がなくとも無料で中に入れて、好き勝手に商品を見てまわれるところが素晴《すば》らしい。

　子供の頃、よく大人のあとについていって、デパートの中をぐるぐると歩きまわったが、見るものすべてが面白く、まるで水族館か遊園地にでもいるような気持ちになって、何時間いても退屈しなかった。そのうえ、デパート内には香水や高級衣料品の発する甘酸っぱい匂いがたちこめていて、それを胸いっぱいに吸い込むと、不思議と幸せな気分に浸れたものである。コーヒーのアローマを初めて嗅《か》いだのもデパートである。こんなにいい香りが世の中に存在するのかと思ったことを覚えている。

　いまでも、デパートにいると子供のときの幸せな気持ちが蘇《よみがえ》ってくる。なにしろ、ありったけの贅沢《ぜいたく》を「無料」で見せてくれるのだから、こんなにありがたいところはない。世界各地から運ばれた豪華絢爛《ごうかけんらん》たる品々を拝観させていただいて、ほんとにお金を払わなくていいのだろうかという気分にさえなってくる。見るだけならいくら見てもただという原則がなんといっても心にくいではないか。

それどころか、商品を自由に手にとって、いったいこんな素晴らしいものはいくらするんだ、と値札を見ることだってできる。うーん、ちょっと高いな、と思って商品を戻しても、売り子はにっこりとほほ笑んで、「またのお越しを」と応えるだけで、「買わないなら見ないでください！」などとは（思っていても）決して言わない。

それに、あのデパートの広々とした空間が何にもまして感動的だ。劇場とか体育館を除けば、室内でこれほどの広大な空間を持つ場所は、そうざらにはない。私はいまでも、デパートに一歩足を踏みいれるたびに、山出しの人間のように思わず「オッオー」と小声で叫んでしまうのだが、それほどに、眩《まばゆ》い照明に照らされたデパートの一階ホールは「崇高な」感動を呼び起こす。

そればかりか、季節ごとに（そして最近はリニューアルとかで数年おきに全面的に）改装して、インテリア・デザイナーたちが腕によりをかけたディスプレイを披露《ひろう》してくれるので、それを見るだけでも心がときめいてくる。まったく、デパートは無料の劇場だ。

だが、日本のデパートの本当に凄《すご》いところは、やはり何でも置いてあるという点だろう。最近、外国で「これは珍しい」と思ってお土産に買ってくると、「これ、どこそこのデパートで売ってますよ」と言下に言われてガックリするという経験を何度か味わったが、日本のデパートにないものを外国で見つけてくるのは本当に至難の業《わざ》である。

とにかく、人間の作りだしたものはもちろんのこと、アマゾンの珍獣奇獣に至るまで地球に存在するものならなんでも揃《そろ》っているというのは、これは驚異という以外の何ものでもない。おかげで、デパートに入ると、普段はさしたる必要も感じていないのに、急に必要なものを見つけて何かしら買ってきてしまうから不思議だ。デパートは何ひとつ欠けることのないと思っている人間にも、自分は不完全な存在であったことを思い知らせてくれる。

不思議といえば、あのバーゲン・セールというものほど、不思議なものはない。バーゲン・セールにいくと、何の購買欲もなかった人でも、ただ、安いというだけで、眠っていた欲望をかきたてられ、両手で持ちきれないほど買い込んでくるはめになるからだ。いったい、こんなに安くして利益があるのだろうか、これはデパートの罠《わな》ではなかろうかと、いぶかしく思う気持ちはあっても、買うときには、そんなことは頭をかすめもしない。ただ、ひたすら、安いものをわれ先に手にいれようという思考だけしか働かない。

だが、ここで冷静になって考えてみると、デパートのこうしたさまざまな驚異を驚異として感じているのは、もしかすると日本で私だけなのではないかという気がしてくる。すなわち、大部分の日本人は、デパートとはこういうものだと初めから決めてかかっているので、ことさら感動するわけはないのである。いまどき、テレビを見てびっくりする人間がいないのと同じである。

しかし、日本で当たり前と思っていることも、いったん外国に出て、異邦人の目で眺めてみると、決して当たり前ではないことがわかってくる。デパートもこの例にもれない。なにしろ、私はデパート大好き人間なので、どの国に行っても、その町にデパートがあれば必ず覗《のぞ》いて見ることにしているが、一九八五年に、まだ共産主義体制だったチェコ・スロヴァキアの第二の都市ブラチスラヴァ〔現在はスロヴァキアの首都〕を訪れたときには、心底驚いた。

まずデパートにはあらゆるものがあるという原則が覆《くつがえ》された。デパートと称する建物はあるにはあるのだが、中には商品がほとんどないのだ。それでも、二階で黒山の人だかりがしているので行ってみると、フロアーの中央に置かれた陳列台を囲んで御婦人たちが必死の形相《ぎょうそう》で何かを選んでいた。最初ブラウスかワンピースでも売っているのかと思ったが、よく見れば、それはまだ服になる前のただの布地だった。

おまけに、その布地は品質も劣悪な上に、現地の生活水準からすれば相当に割高だったので、デパートは衝動買いを誘われる場所という通念もあてはまらなかった。

ようするに、絶対的にもののない社会では、高かろうが悪かろうが、ないよりはましということで買うのであって、争うように買うという現象は同じでも、その意味するところはまったく異なっているのだ。それに、このブラチスラヴァのデパートでは、客を引き寄せるための工夫やディスプレイは一切なく、ただただどんなものでも何か商品を置いておけば、あっというまに行列ができて売れてしまうのだから、集客戦術などは想像だに及ばぬものなのだ。もちろん、バーゲン・セールなどは言うも愚かである。ただひとつ、共通だったのは、なんの用事がなくても「無料」でデパートに入れることだが、何もないデパートに入って喜ぶ馬鹿はいない。

こんなわけで、ブラチスラヴァのデパートに入った私は、一つの結論に達せざるを得なかった。すなわち、デパートとは純粋に資本主義的な制度であるばかりか、その究極の発現であると。なぜなら、必要によってではなく、欲望によってものを買うという資本主義固有のプロセスは、まさにデパートによって発動されたものだからである。

したがって、ソ連〔執筆時にはソ連邦はまだ存在していた〕が本気で資本主義経済の導入をおこないたいなら、一見本末転倒のように見えても、まず第一に、強引にでも西側に劣らぬほど品揃えの豊富な豪華デパートを作って、必要の経済から欲望の経済への移行を図《はか》り、国民のたんす貯金を吐《は》きださせることだろう。一時的に猛烈なインフレが起きようとも、いったん欲望の原理に基づく消費のサイクルが生まれてしまえば生産は自然に追いついてくるはずだ。

ところで、個体発生は系統発生を繰り返すとの原則通り、歴史をひもといて見ると、前段階資本主義が本格的資本主義に移行した時期は、デパートの誕生とぴったり一致していることに気づく。すなわち、十九世紀の中頃から二十世紀の初頭にかけて、フランス、イギリス、アメリカなどの大都市に次々と生まれたデパートは、折から工場生産に移った繊維産業と持ちつ持たれつの関係に入って、大衆消費経済を作りだしたのである。

いや、こう書くと必ず、それは本末を取り違えた議論だ、デパートなどという消費側のファクターは、社会資本の蓄積やそれに見合った生産力の反映にすぎないという意見が出てくるに違いないが、そうした下部構造論者は、本書がこれから取り上げるデパートの発明者アリスティッド・ブシコーの一代記をまずはお読みになっていただきたい。彼の透徹した人間心理への考察が、デパートという欲望の装置を作り、それが結局は大衆消費経済を導いたことがおわかりになるだろう。

あらかじめ、ここで極言をしてしまえば、デパートを発明したこのブシコーこそが資本主義を発明した者なのである。

第一章
ブシコーとデパート商法

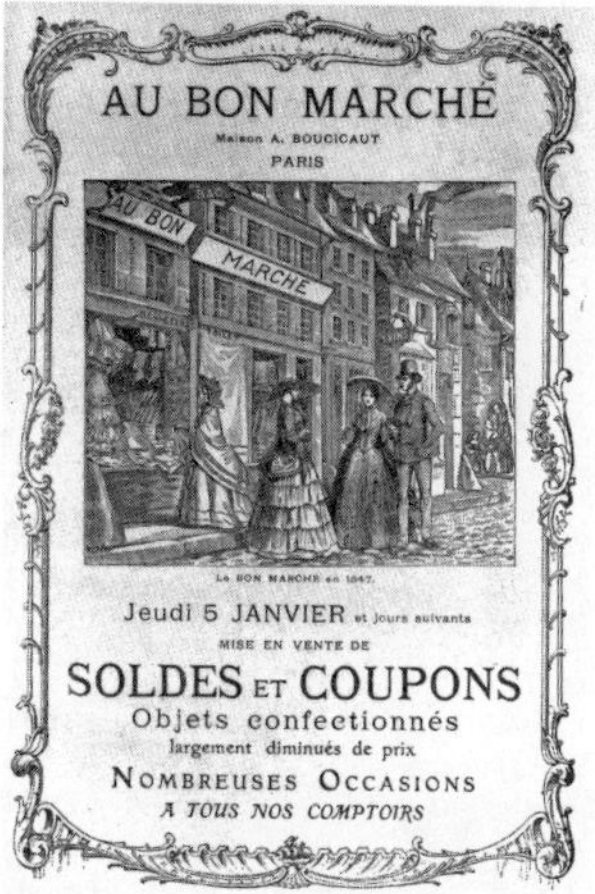
AU BON MARCHÉ
Maison A. BOUCICAUT
PARIS
AU BON
MARCHE
Le BON MARCHE en 1847.
Jeudi 5 JANVIER et jours suivants
MISE EN VENTE DE
SOLDES ET COUPONS
Objets confectionnés
largement diminués de prix
NOMBREUSES OCCASIONS
A TOUS NOS COMPTOIRS

〈ボン・マルシェ〉のバーゲン・セールの広告。１月５日から、端切れと既製服のバーゲン・セールが始まることを予告している。中央の絵は、ブシコーが経営者となる以前の1847年当時の〈ボン・マルシェ〉の姿を紹介している。

昔の商店

ひと昔前まで、日本でも個人商店に入るときには必ず「くださぃ」とひと声かけたものである。そうすると、店の奥のほうから主人なり店員なりがのっそりと顔を現して、「いらっしゃいませ。何にいたしましょう」と答えてから、ようやく品物の売り買いが始まるのが普通だった。それが最近のブティックでは、コンビニエンス・ストアーの影響か、たとえ個人商店でも、

客「…………」
店員「(いらっしゃいませ)」
客「…………」
店員「ありがとうございました」

というような具合で、声だけ再現したのでは、はたして売れたのか売れなかったのかさえもわからない。ひどいところでは、店員のほうも一言も発せず、終始無言というケースだってある。

これに対し、フランスの個人商店では、いまでも入店自由の原則はない。店に入るときには、私邸を訪問するときと同じ心構えで、まず「こんにちは《ボンジュール・ムッシュー(マダム)》」ときちんと挨拶《あいさつ》しなければならない。そればかりか、買い求める品物のイメージを明確に心に描いておかないと、

「何をお求めでしょうか《ク・デジレ・ヴー》?」と店員が近寄ってきたときに、しどろもどろになって、不審な目つきで睨《にら》まれることになりかねない。

つまり、店に入ってから買うものを決めるということは許されないのだ。これはファッション関係のブティックにかぎらず、新刊の書店などでも同じで、初めから立ち読み目的で店に入るなどということは論外である。第一、ファッション・ブティックや靴屋などでは、店内にはサンプル商品しか置いておらず、客の希望をきいたあとで、奥の倉庫から品物を持ってくるというところも多い。もっとも、ひとこと、「ちょっと見せていただけますか《アン・ク・ドゥーユ》?」と言えば、放っておいてはくれる。そして、何も買うべきものがなければ、「ありがとう《メルシ》、さようなら《オ・ルヴォワール》」と言って店を出ていくことはできる。

買い物はいやいやするもの?

ところが、十九世紀前半までのフランスの商店では、入店自由の原則がなかったばかりか、退店自由の原則もなかった。つまり、いったん商店の敷居を跨《また》いだら最後、何も商品を買わずに出てくるということは許されなかったのである。おまけに、商品には値段がついていなかったから、客は、できるかぎり高く売りつけようとする商人と渡りあって、値段の交渉までしなければならなかった。

この時の力関係は常に不平等であって、客の方は用心してはいるが無知であり、売り手は勝手知った領域で余裕たっぷりである。売り手にとって各々の値段札は暗号によって二つの価格を示している。まず客に言い出してみる最高価格と絶対それ以下には譲れない最低価格である。このような条件の下で客が種々の不正商法の裏をかき、量と品質を見定めて最終的に選択し、適正な価格を主張して戦うためには一瞬たりとも弛まない注意力と闘争心が必要になる。（フィリップ・ペロー『衣服のアルケオロジー』大矢タカヤス訳）

なんともはや買い物ひとつするのに、大変な苦労が要求されたわけだが、いまでもアンティークの店などでは、ときどき、客と店主がこのゲームをやっている光景にお目にかかる。ただ、現在なら、こうした値引き交渉がいやなら、ほかの店にいくとか、正価で売っている店にするとか、これを避けて通ることはいくらでもできるが、当時はほかの選択肢は存在しなかった。

というのも、その頃はパリ市内でも、交通が不便だったうえに、歩道も整備されていなかったから、高価な自家用馬車を有する上流階級以外は、買い物といっても、歩いていける区域にかぎられ、近所に一軒だけしかない店で必要最小限のものを揃えるほかはなかったからである。そのため、商店同士の競争というものはほとんどないに等しく、当然、店には客を呼び込むためのディスプレイや顧客サービスも存在していなかった。ゾラの『ボヌール・

デ・ダム（ご婦人の幸せ）百貨店』で古いタイプの衣料品店の店主ボデュが言っているように、良い商人とは、たくさん売る商人ではなく、高く売る術を心得た商人のことを意味していた。したがって、客の側からすれば、買い物は、金銭に頓着しなくていい一部の上流階級を除けば、決して楽しいことではなく、必要を満たすためにいやいやしなければならないことだったのである。

マガザン・ド・ヌヴォテの登場

しかしながら、王政復古期も後半にさしかかる頃になると、こうした状況にも徐々に変化が現れるようになる。すなわち、マガザン・ド・ヌヴォテ（流行品店）と呼ばれる新しいタイプの商店が登場して、一種の商業革命をひきおこしたのである。

マガザン・ド・ヌヴォテとは、ヌヴォテつまり女物の布地などの流行品を販売する衣料品店を意味したが、このマガザン・ド・ヌヴォテはそれまでのどの商店とも異なる画期的な販売方式を採用していた。

まず第一に、店構えからして違っていた。従来の商店は、一応ファサード（正面）にはガラスがはまって中を覗きこむことができるようになってはいたが、店内は薄暗く、天井は低く、まるで洞窟の中のようにじめじめとしていて、奥のほうに店員が獲物を待ちかまえる獣のように座っていた。衣料品店の場合も、ほこりをかぶった布地がなんの工夫もなく積み重ねられているだけだった。

もちろん、ショー・ウィンドーなどはないに等しく、外から客が店内にある品物の見当をつけるための配慮は一切なされていなかった。それどころか、バルザックが中編『毬打つ猫の店』でこの種の衣料品店の代表として描いているように、何を売っているのかよくわからないところさえあった。

これに対し、マガザン・ド・ヌヴォテは明るくて大きなショー・ウィンドー、建物の三、四階までを使った広々とした店内、棚にきちんと整理された色とりどりの布地や衣服、そして、それを効果的に演出する眩いばかりの照明など、すべての面で、まったく別種のコンセプトに基づいたレイアウトがなされていた。バルザックは『セザール・ビロトー』の中で、この種のマガザン・ド・ヌヴォテの嚆矢《こうし》となった〈プチ・マトロ〉のことをこんなふうに描写している。

この店は、しばらく前からパリに現われはじめたこうした店、すなわち彩色した看板、風にひるがえる旗、肩掛けをブランコのように張りわたした陳列窓、カルタの城のように並べたネクタイ、そのほかのいろんな目をひくような多くの品物、正札、飾紐、ポスターなど、飾窓が商業的な詩となるまでに完全な域に達せしめられた視覚の幻覚と効果、そういうものを持った店の先駆者だった。(新庄嘉章訳)

バルザックの記述からもあきらかなように、こうしたマガザン・ド・ヌヴォテは、近くの界隈《カルティエ》に住む固定したお得意ではなく、不特定多数の浮動客をターゲットとしていた。すなわち、絶対的な必要によって買い物にくる客以外に、潜在的な買い物願望を抱いているにすぎない人々までも、店内に引き入れようとする意図を持っていた。

そして、その意図は、外観ばかりではなく、商売の方法それ自体にも典型的に現れていた。つまり、それぞれの商品に掛値なしの正価をつけたのである。これにより客は、値段の交渉という大きな心理的負担から解放されることになって、のびのびとした気持ちで商品を選ぶことができるようになった。

社会的条件の整備

とはいうものの、いくらマガザン・ド・ヌヴォテがこうした不特定多数の客を相手にした商売を始めたとしても、その誘いに応えるような顧客層が社会的に成立していなければ商売はなりたたない。つまり、わざわざ遠くからでも買い物にやってきてくれるような客が出現する下地が王政復古期にようやくできあがってきたということである。整備された条件の中で最大のものは、歩道の敷設と乗合馬車の運行開始だろう。

先にも述べたように、パリは道路の整備が遅れていた。両側に歩道のある道はほんのわずかで、大部分は、道路の真ん中にむかってV字形に緩やかに傾斜し、汚水が路央下水溝に流れ込むようになっていた。といっても、この路央下水溝は排水能力はあまりなかったから、ちょっとした雨がふるとたちまち下水が道路にあふれて、歩くことは不可能になった。おまけに、鋪石の上には、人々が窓から投げ捨てた生ごみが変化した有機性の埃《ほこり》がたまっていたので、長い距離を歩くと靴ばかりかスカートやズボンまでが真っ黒になってしまった。したがって、人々が安心して歩ける歩道の整備は急務の問題だったが、王政復古の末頃からようやく一部の広い道路には歩道が取りつけられるようになったのである。

マガザン・ド・ヌヴォテが開店したのは、例外なくこうした歩道を備えた広い通りだった。そして、こうした広い通りは、また乗合馬車が通ることのできる通りでもあった。

十七世紀に哲学者パスカルの発案によって初めてお目見えしたパリ市内乗合馬車（オムニビュス）は、その後、経営難から姿を消していたが、一八二八年に百五十年ぶりに復活して、パリ市民の重要な足となった。料金二十五サンチーム（二百五十円）は、タクシーやハイヤーにあたる辻馬車の料金（一乗り一フラン五十サンチーム）と比べて割安だったので、下層の中産階級もこれを利用することが可能になった（筆者の試算によると、一フラン＝百サンチームは約千円）。

おかげで、それまでは、近所の生地屋でしかたなく高い布地を買っていた主婦たちも、この乗合馬車に乗ってマガザン・ド・ヌヴォテに買い物に行くことができるようになった。

しかし、買い物の足が確保されたとしても、潜在的購買層に肝心の消費マインドが目覚めていなければ、変化が現れるわけはない。だが、こちらのほうは、先駆的な商業形態の出現によって、すでにある程度地ならしがなされていた。

ウィンドー・ショッピングの快楽

買うことはできなくても、せめて贅沢な品物をこの目で見て楽しみたいという欲望、つまりウィンドー・ショッピングの快楽が出現したのは、ブルボン王朝の傍系オルレアン家の五代目当主ルイ＝フィリップ・ドルレアンが一七八四年に自らの居城パレ・ロワイヤルを改造して、一階部分を商店街にしたとき以来のことである。というのも、このパレ・ロワイヤルでは、回廊のおかげで、客は雨風にさらされることなく、ずらりとならんだ商店のウィンドーを冷かしながら散策することができるようになっていたからである。

おまけに、ここにはそれまでパリの各所に散らばっていたファッション関係の各業種が一ヵ所にかたまっていたので、回廊をひとまわりすれば、流行の品々を観察することができた。その結果、パレ・ロワイヤルは、さしあたって品物を買う必要を感じていない客までが、なんとなく足を運ぶ場所になった。

同じことがパサージュについても言えた。このパサージュというのは、十八世紀の末頃から一八四〇年代にかけて、パリの各所に建設されたアーケードの商店街のことだが、ガラス屋根で覆われていたおかげで、パリジャン、パリジェンヌはここでも安心してウィンドー・ショッピングを楽しむことができたのである。

さらに、このウィンドー・ショッピング熱を煽《あお》ったのがガス灯の普及だった。ガス灯は一八一六年にパサージュ・デ・パノラマに設けられたのが最初とされるが、一八三〇年代に入ると、パリの主要な盛り場を、それまでのオイル・ランプとは比べものにならない明るさで照らすようになった。フランスは緯度の関係で冬場には四時頃から暗くなるので、一八三〇年以前は、商店は早めに店を閉めていたが、ガス灯の普及以後は営業時間も延長されて、ウインドーは眩い光でショー・アップされるようになった。

このように、一八三〇年を境として、環境的にも心理的にも、社会がマガザン・ド・ヌヴォテを受け入れる素地は整ってきたわけだが、ちょうどこの頃、パリでもっとも積極的な販売方式を取り入れていた〈プチ・サン＝トマ〉というマガザン・ド・ヌヴォテに、アリスティッド・ブシコーというひとりの青年が入店してきた。

ブシコー青年、パリに上る

アリスティッド・ブシコーは、一八一〇年、ノルマンディーのベレームで、帽子屋の息子として生まれた。

世代的に言うと、バルザック（一七九九年生まれ）、ユゴー（一八〇二年生まれ）、デュマ

（一八〇二年生まれ）などのパワーあふれるロマン派第一世代よりは下で、ネルヴァル（一八〇八年生まれ）、ミュッセ（一八一〇年生まれ）、ゴーティエ（一八一一年生まれ）等のロマン派第二世代、つまり小ロマン派たちと同じ世代に属するが、ブシコー少年は地方の貧しい商人の子供だったから、親の仕送りでパリでボヘミアン的な学生生活を送るなどというのは夢のまた夢で、一通りの読み書きを覚えると、まずは当時の習慣として知り合いのノルマンディーの商人の店に丁稚奉公《でっちぼうこう》に出るほかはなかったようだ。

とはいえ、彼とてもナポレオンの作りだしたフレンチ・ドリームを素朴に信じるロマン派世代に属していたから、パリの屋根裏部屋でお針子と恋を語り合いダンス場で踊り明かすといったプッチーニの歌劇「ラ・ボエーム」に登場するような若者たちの生活に憧《あこが》れを持たなかったはずはない。そのせいか、十八歳の年、パリからやってきた地方まわりの生地の行商人と知り合うと、彼の助手という形で、さっそくパリに上る決心をした。

ブシコーがどのようなつてを頼って〈プチ・サン＝トマ〉（創業一八一〇年）に入ったかはあきらかになってはいない。あるいは、行商人の紹介があったのかもしれない。いずれにしても、この野心的な地方青年は、パリについて早々、左岸のお屋敷街フォーブール・サン＝ジェルマン近くのバック街にあったこのマガザン・ド・ヌヴォテに平店員として雇《やと》われることとなった。

当時、たいていの個人商店では、縁故や地縁をたどってきた少年や少女を住み込みで働かせながら仕事を教えるという丁稚奉公の習慣が支配的だったが、新興のマガザン・ド・ヌヴォテでは、常時数十人規模の店員を必要としていたので何よりも即戦力となる経験者の店員を募集していた。たとえば、ゾラの『ボヌール・デ・ダム百貨店』には、主人公のドゥニーズが〈ボヌール・デ・ダム〉の店員募集に応募して面接試験を受ける場面が出てくるが、その際に要求されたのは、まず経験者であること、ついで接客態度の良し悪しであり、縁故地縁は考査の対象には入っていない。

こうしたビジネス・ライクな採用方法は、一通りの経験はあるもののパリで何の知己《ちき》も持たなかったであろうブシコーには幸いした。しかし、〈プチ・サン＝トマ〉がブシコーを必要としていたよりもはるかにブシコーは〈プチ・サン＝トマ〉を必要としていた。なぜなら〈プチ・サン＝トマ〉のようなマガザン・ド・ヌヴォテの眩く輝くショー・ウィンドーは、地方都市のうらぶれた商店しか知らないブシコー青年の心を強烈な魅力で捉えたに違いないからである。

衝撃の出会い

ゾラは『ボヌール・デ・ダム百貨店』の冒頭で、田舎から二人の弟を連れて出てきたドゥニーズが〈ボヌール・デ・ダム〉のショー・ウィンドーを前にしたときの衝撃を次のように描写している。

ガイヨン広場に出たとき、若い娘は驚きではたと足をとめた。

「ねえ、ジャン、ちょっと見て!」そして、姉弟はおたがいに身を寄せあったまま、その場に突っ立っていた。(……)

「あっ、あれ、お店なんだわ!」一瞬の沈黙のあと彼女はようやく口を開いた。

それはミショディエール街とヌーヴ=サン=トギュスタン街が出会うところにあるマガザン・ド・ヌヴォテだった。そのショー・ウィンドーは十月の淡く柔らかな日差しのなかで、鮮やかな色彩を放ちながらキラキラと輝いていた。(拙訳)

ドゥニーズも故郷のヴァローニュの衣料品店で売り子をしていたという設定になっているので、この引用は、ブシコーがパリのマガザン・ド・ヌヴォテを初めて目にしたときの驚きを想像するのに十分に役に立つ。そして、この衝撃は、一般の消費者とはいささか位相の異なるものだったはずである。たとえてみれば、彼女のショックはセミ・プロが超一流のプロの演技なりプレーを見たときのそれに似ている。つまり、それまで自分の知っていたものとのあまりの違いに茫然自失《ぼうぜんじしつ》すると同時に、叶《かな》うことなら自分も一員に加わりたいという願望が瞬時にして生まれたに違いない。

一代で財をなした成り上がりのビジネスマンの自伝には、必ずといっていいほど、こうした彼我の差を思い知らされる衝撃の出会いが語られている。たいていは、そのショックをバネにして彼我の差を埋めようという野心が生まれるのだが、ブシコーの場合は、どの伝記にもこの出会いのエピソードは触《ふ》れられていないにもかかわらず、まずまちがいなく、マガザン・ド・ヌヴォテという新しい商業形態との遭遇《そうぐう》が人生のベクトルを決定づけたものと見てよい。

なぜなら、独立後にブシコーが展開した商業戦略はすべて、マガザン・ド・ヌヴォテを初めて眺めたときのこの驚きを核として形成されているからである。ひとことで言えば、ブシコーのデパート戦略とは、驚異（メルヴェーユ）による不意打ちで、消費者を放心状態に投げ込むことにあったのである。

それはさておき〈プチ・サン＝トマ〉に入ったブシコーは貪欲《どんよく》な研究心でマガザン・ド・ヌヴォテの商法を摂取していったものと思われる。並の店員ならたんに労働の場でしかないマガザン・ド・ヌヴォテも、ブシコーにとっては給料をもらったうえで利潤追求の方法を教えてくれる学校だった。

もっとも、最初は、食事と住居が支給されるだけの無給の住み込み店員からのスタートだったが、そんなことは苦にはならなかった。日々の仕事がこれすべて学習であり、マガザン・ド・ヌヴォテの革新性と限界を学び取る絶好の機会だったのだ。

マガザン・ド・ヌヴォテの新商法

ブシコーが心にとめたマガザン・ド・ヌヴォテ商法の第一は、何はともあれ、店を目立たせるということにあった。

現在でもある程度はそうだが、客の注目をひきつけるには、まず人の意表をつくネーミングが必要である。マガザン・ド・ヌヴォテはこの点では、あきらかに近代商業の先駆をなすものだった。すなわち、〈メアリ・スチュアート〉〈テンプル騎士団〉といった歴史小説風のものから、〈あわれな悪魔〉〈芸術家の屋根裏部屋〉〈さまよえるユダヤ人〉〈魔法のランプ〉といった新聞小説やオペレッタのタイトルを借用したものまで、とにかく目立ちさえすればいいというネーミングが多かった。

しかし、なんといってもまず第一に目立たせなければならないのはやはり店構えである。一八三一年から三四年にかけて出版された風俗観察集『パリあるいは百一の書』の「パリの商店」で、オーギュスト・リュッシェはマガザン・ド・ヌヴォテの派手な外観を次のように書きとめている。

かくして、町じゅうで、ファサード、ショー・ウィンドー、看板の奇妙な戦争が繰りひろげられる。商人の自尊心がとんでもないことをしてのける。店の建物は上から下まで、さながら、祝典の日の軍艦のような満艦飾で飾りたてられる。「定価販売の店」という謳《うた》い文句が、同じファサードの一階から屋上まで、いたるところに掲げられている。（……）看板ときたら、それはもう絵、粗布に絵具を塗りたくった油絵といってよく、これに千エキュ（三百万円）もの金を投資しているのだ。

あるいは、〈ピグマリオン〉のように店全体がショー・ウィンドーであるという発想から、壁面をできるかぎりガラス張りにして店内のやりとりが見えるようにする店まで現れた。そして、もちろん、店から離れたところに住む客には、破格値大奉仕を謳《うた》った宣伝ビラがバラまかれた。

何も買わずに出られない

しかし、こうした外観や宣伝ビラに釣られて客が店内に足を踏みいれたとしても、もし店自体が窮屈《きゅうくつ》で、店員とすぐに対峙《たいじ》しなければならないとしたら、あるいは待ってましたとばかりに待機している店員につかまったら、客の好奇心も萎縮《いしゅく》してしまうだろう。事実、一部のマガザン・ド・ヌヴォテでは、オーギュスト・リュッシエが同じルポルタージュで指摘しているように、その虚仮威《こけおど》しの外観とは裏腹に商品内容は縁日の安売り店なみの貧弱さで、また販売法も昔ながらの強引な売り付け商法のため、客の購買心理を決定的につかむことはなかなかできなかった。

しかし、何人かの慧眼《けいがん》な経営者は、外観と内容を一致させようと努力していた。すなわち、マガザン・ド・ヌヴォテの一階部分を広々とした豪華なホールにして、まず客をうっとりさせるように演出したのである。

ポール・ド・コックは『大都市——新パリの情景』の中で、豪華なマガザン・ド・ヌヴォテに入ったときの驚きをこう書き留めている。

一階には、広々としたホールがあり、贅沢に、しかもエレガントに飾られている。カウンターの台はルネッサンス様式で、いたるところに鏡がはめ込まれている。床はカラフルな蠟引きの羽目木細工で、ピカピカと磨かれ、客の通り道には絨毯が敷きつめられている。客は一瞬、間違えたところに入り込んだのかと錯覚する。ここはヴェルサイユの廊下なのではないか。そして、こんな宮殿のようなところで、フランネルのチョッキを買いたいとか、キャミソール用の生地をくださいとたのんでいいものかと思う。しかし、そのとき、ようやく、行ったり来たりして布を折り畳んだり伸ばしたり寸法を計ったり積み重ねたりしている店員や従業員の姿が目に入る。

のちに、ブシコーは店舗を改造する際には、何よりもまず、客が店に入ったときに味わうこの「閉じられた空間のゴージャスな開放性」を重視したが、これは、あきらかに、マガザン・ド・ヌヴォテの空間演出法から学んだものであった。

しかし、マガザン・ド・ヌヴォテでは、ショー・ウィンドーの前をぶらつくような気持ちで、それぞれの売り場を気楽に歩きまわることはできなかった。いったん商品を手に取ったら、たとえ定価が決まっていたとしても、あとは旧来の商店と同じような客と店員の一対一のやりとりになり、何も買わずに出てくることはむずかしかったからである。

宣伝ビラの狙っていることは何か。とにかく客を店にこさせることであり、それ以上ではない。この点、宣伝ビラは成功した。客はやってきた。客はこう言ってやってきたのである。「見に行ってみよう。無理やり買わされるわけはあるまい」。無理やり買わされるわけはあるまいだと！　不幸なる者よ！　諸君は店主の課する試練に耐えることができるとでも思っているのか、だとしたら諸君はいったい何者なのか？　おそらく一番下手くそな店員にも勝てはしまい。（オーギュスト・リュッシェ、前掲書）

つまり、入店自由とは謳ってあったのだが、その実、退店自由ではなかったのである。しかし、それ以外の点では、マガザン・ド・ヌヴォテは古いタイプの商店とはあきらかに一線を画する販売法を打ち出していた。

現金販売と直接仕入れ

その一つは、現金販売というものである。それまでの商店は、ほとんどが、客に対し、ツケ買いか、あるいは長期の手形を認めていた。もちろん、その分の利息は代金に繰り入れてあるのだが、これだと資本の流動性がないし、また当然、客は信用ということで近所の顔見知りにかぎられることになる。マガザン・ド・ヌヴォテは、利息の分を価格から引くかわりに、現金販売を打ち出した。

これはある意味では、不特定多数の客をターゲットとするという戦略から必然的に導き出された方法だった。また、店によっては、現金で買ってもらうかわりに、返品を認めるという新しい販売方法を採用したところもあった。これは、よほど商品に自信がないとできない商法だが、現実には、商品の品質が劣っていて返品攻勢に耐えられない店も続出した。

現金商法はまた、仕入れを短期の手形でおこなうことを可能にした。つまり、仕入れ価格を引き下げることもこれで容易になったのである。もっとも、初期には、問屋から仕入れていたので、値下げ幅もたいしたことはなかったが、やがて、製造業者から直接仕入れるマガザン・ド・ヌヴォテも出てくる。

ついで、問屋からの仕入れはやめようという考えがひらめく。実際、無駄な仲介業者を使っていてなんの得があるというのか。製造業者に直接当たることはできないものか。大商人たる主要な条件のひとつは、商品を直接に仕入れて、それを消費者に手渡すことである。そこで、マガザン・ド・ヌヴォテの主人はキャブリオレ馬車に乗って、製造業者の倉庫に直談判にでかける。そこでは、きわめて有利な商談がまとまる。（オーギュスト・リュッシェ、前掲書）

しかし、こうした製造業者からの直接仕入れも、需要供給とも未成熟だった十九世紀前半のフランス社会では、資本の循環にスピードがともなっていなかったため、いまひとつ効果を呼ばなかった。すなわち、商品が寝ている期間が長ければ、直接大量仕入れをしても、ロスが出て、メリットがないのである。

それに、まだフランスは本格的な産業革命を迎えてはいなかったので、布地の製造技術にもむらがあり、高級品と廉価《れんか》品の間に差がありすぎた。そのため、マガザン・ド・ヌヴォテは、工場生産の布地は廉価で販売できたが、高級品については、従来の衣料品店とあまり変わらないということもあった。

これと同じことが、消費者についても言えた。つまり、まだ貧富の差が激しく、中産階級が未成熟で層が薄かったために、マガザン・ド・ヌヴォテとしては、資本を回転させていくだけの販売量が達成できなかったということである。

こうしたマガザン・ド・ヌヴォテの弱点は、一八四八年の二月革命から一八五一年のルイ

＝ナポレオンのクーデターにいたる社会の混乱で、経済に沈滞が起きると、たちまち、顕在《けんざい》化《か》し、マガザン・ド・ヌヴォテは早すぎた出現に社会が追いつくのを待つことができず、ほとんどが、倒産の憂《う》き目に遭うことになる。

しかしながら、こうした欠陥を克服し、マガザン・ド・ヌヴォテによって大衆消費社会を生みだそうと心ひそかに次のステップを準備している者がいた。もちろん、アリスティッド・ブシコーその人である。

ブシコー、〈ボン・マルシェ〉の経営者となる

ブシコーは、〈プチ・サン＝トマ〉の店員をしていた一八三五年、マルグリット・ゲランという娘と知り合って結婚した。

マルグリット・ゲランは、ブシコーよりも六歳年下の一八一六年生まれで、フランス中部ブルゴーニュ地方のヴェルジュクスから出てきて洗濯女などをしたあと、近所のチーズ屋の経営をまかされていた。ブシコーは、昼に軽い定食を出すこのチーズ屋に食事にきてマルグリットを見初《みそ》めたらしい。

マルグリットの母は、ちょうど『レ・ミゼラブル』の薄幸の娘ファンチーヌのように、お針子をしているときマルグリットを出産したが父親はだれだかわからなかったといわれている。

世界で初めてデパートを創りだしたブシコー夫妻。夫のアリスティッドが築いた〈ボン・マルシェ〉を、妻のマルグリットが受け継いで、世界最大のデパートに育てあげた。夫妻のあいだに描かれたシンボル・マークには「誠実」という文字が刻まれている。

ブシコーはそのころ、独学で英語を学び、そのかいあって売り場主任に昇格していたが、マルグリットとの結婚はさらに大きな幸運をもたらすことになった。というのも、マルグリットは夫思いの優しい妻であったばかりか、チーズ屋をまかされるぐらいだったから当然しっかりもので、貧しい家計をなんとかやりくりして貯金を殖《ふ》やしていくことができたからである。

二人の貯金は、一八五二年に、ジュスタン・ヴィドーという男からマガザン・ド・ヌヴォテ〈ボン・マルシェ〉（正式にはオ・ボン・マルシェ Au Bon Marché。Au は英語の at the の意味）の共同経営をもちかけられたとき、大いに役に立つことになった。すなわち、ブシコー夫妻は、セーヴル街とバック街の角にあったこのマガザン・ド・ヌヴォテの権利の半分を貯金の五万フラン（五千万円）で買い取ることができたからである。

ブシコーが〈プチ・サン＝トマ〉を辞めて独立したこの一八五二年には、〈ボン・マルシェ〉は、従業員が十二人、売り場は四つで、年間売上額は四十五万二千フラン（四億五千二百万円）という、マガザン・ド・ヌヴォテにしては比較的小規模の店だったが、それから十一年後の一八六三年にはブシコー夫妻の努力のかいあって年間売上額は七百万フラン（七十億円）に達していた。

しかし、何事も好事《こうじ》魔《ま》多《おお》しというが、この年、ブシコーの過激な経営方針に不安を感じた共同経営者のジュスタン・ヴィドーが自分の持ち分を買い取ってくれと言ってきた。買えなければだれかほかの者に売ると言いだしたのである。ジュスタン・ヴィドーの売値は営業権と不動産で百五十二万フラン（約十五億二千万円）だったが、利益の大半を店舗拡大につぎ込んできたブシコー夫妻にはそんな蓄えは当然なかった。

だが、幸運の神はブシコー夫妻を見放さなかった。ニューヨークで砂糖菓子製造で財をなしたフランセ・マヤールという人物が二人のために出資を約束してくれたのである。かくして、ブシコーは晴れて〈ボン・マルシェ〉の唯一の所有者となり、思い通りに店を経営することができるようになった。

一八七七年にブシコーが没したとき、〈ボン・マルシェ〉はパリどころか、世界でも最大の大型小売店、つまり最大のデパートとなっていたのである。では、こうしたブシコーの

〈ボン・マルシェ〉大躍進の秘訣《ひけつ》はどこにあったのか、それをこれから探ってみることにしよう。

薄利多売方式の採用

アリスティッド・ブシコーが〈ボン・マルシェ〉の共同経営者となった一八五二年という年は、フランスの歴史にとっても、第二帝政の開始という点で大きな意味を持つ年である。すなわち、前年の十二月、異父弟モルニー公らの力を借りてクーデターに成功したフランス共和国初代大統領ルイ＝ナポレオン・ボナパルトは、国民投票により圧倒的多数の賛成を得て、一年後の十二月にナポレオン三世として即位し、第二帝政を開始した。

このナポレオン三世の産業・経済政策は、金融資本の育成、鉄道や万国博などの国家的プロジェクトの導入、株式会社設立の簡素化、民活、消費の奨励などというように、あきらかに高度成長を狙《ねら》った拡大経済政策だった。〈ボン・マルシェ〉はこの高度経済成長の波にうまく乗る形になった。

ブシコーは、マガザン・ド・ヌヴォテがすでに採用していた入店自由、定価明示、現金販売、返品可などの販売方法をさらに徹底させたほかに、薄利多売方式を強力に推し進めた。マガザン・ド・ヌヴォテでも薄利多売をやっていなかったわけではなかったが、薄利で売っていたのは、工場生産のきく量産商品にかぎられていた。これに対し、ブシコーは、品質の優れた高級品も含めて、店で扱うすべての商品の小売マージンを大幅に引き下げて、回転効率をよくした。

まさに店名〈ボン・マルシェ〉（「安い」という意味）にふさわしい商法である。それまでは、安売りの商品に釣られてマガザン・ド・ヌヴォテに入って、結局高い商品を買わされてしまうことの多かった消費者は、いいものが本当に安く買えるというので、当然のように〈ボン・マルシェ〉に押しかけた。

実際、一般の衣料品店では、三十パーセントから四十パーセントのマージンで売られていた商品が、〈ボン・マルシェ〉では通例二十パーセントから十八パーセント、純利益では四パーセントから五パーセントの薄利で販売されたのだから、安いのは当たり前である。

こうした薄利多売方式がいったん軌道に乗ると、当然、商品の回転効率は飛躍的に向上する。そして、それにより三ヵ月期限の手形を使っていた仕入れは、一ヵ月期限の手形でおこなわれるようになり、割り引かれた利息分をさらに仕入れにまわすことができるようになる。いっぽうではまた、こうした手形期限の短縮により、〈ボン・マルシェ〉は納入業者に対する義理を負わずにすむようになった。

つまり、それまでは、長期の手形を使う必要上、仕入れ先を固定することが要求されていたのだが、この義理がなくなったのである。その結果、複数の納入業者に仕入れ価格を競争させることが可能になり、仕入れ価格が低下したのみならず、品質と価格の点でヴァラエテイに富む商品を取り揃えることができるようになった。

流行を自らの手で作りだす

そればかりか、ブシコーは仕入れ先を、国内の業者に固定せず、イギリスやオランダ、ベルギーにまで手をのばしていった。こうした仕入れ先の拡大は、鉄道の普及による輸送力の増大と自由貿易をスローガンとする第二帝政の経済政策がなければ、考えられないことだった。

このように、少しでも安い仕入れ先を見つけようとする努力は、また、当然ながら、仲介の問屋の存在価値を希薄なものにし、工場や作業場からの直接仕入れを主流にした。すなわち、現在デパートやスーパーの原則になっている「直接仕入れ、直接販売」は、この時期に、ブシコーらの先覚的な経営者によって確立されたのである。

そして、同じ工場なら、工賃の安い地方、さらには外国、そして、極端な場合は、刑務所や僧院などまで、とにかく、安く仕入れのできるところなら、どんなところにも買い付け係が出向いていった。〈ボン・マルシェ〉は、リヨン、ルーベ、サン゠テチエンヌ、ロンドンなどに買い付け事務所をおいていた。これなどは、まさに現代の安売り量販店のプロトタイプをなすものだろう。

ところで、薄利多売方式の当然の帰結としてもたらされたこうした大量買い付けは、商業と工業の関係自体をも変容させることになる。つまり、商店に対する工場や作業場の優越は否定され、大規模店、とりわけパリのデパートが織物工場や作業場を支配するという構図ができあがってくるのである。それどころか、外国でしか作られていない製品を手近なところで確保するため、納入業者に国内工場を作らせたり、従来の地場産業を再活性化させることまでした。

こうすることで、デパートはたんに流行の品を買い付けるばかりでなく、流行を自らの手で作りだすことすらできるようになったのである。近代的資本主義は、デパートから生まれたとまえがきで述べたのは、このような過程が存在していたからにほかならない。

大企業の論理

〈ボン・マルシェ〉が一九〇〇年代の初頭に発行した社史『ボン・マルシェ小史』には、こんなふうに書かれている。

当社の買い付け係と生産業者は、同じ利害を共有していますので、新しい商品を作りだすために、一緒に考え、一緒に努力します。商業も工業も、こうしてたえず新しさを追い求め、発展していくのです。このような〈ボン・マルシェ〉のやりかたが、どのような経済的メリットをもたらしたか、もうおわかりでしょう。つまり、〈ボン・マルシェ〉は我国の工業に仕事を供給すると同時に、多量の注文を出すことによって有利な条件で製造業者と取引ができるようになるわけです。そして、その結果、消費者も同じように有利な条件で買い物ができるようになるのです。

しかし、ここで注意しておかなければならないのは、〈ボン・マルシェ〉は、自ら工場を経営することは一度としてなかったということである。というのも、工場を経営するには膨《ぼう》大《だい》な設備投資が必要だし、経営がうまくいかなければそのリスクも背負い込まなければならない。それよりも、複数のメーカーと契約しておいたほうが、顧客の多様なニーズにも副《そ》うことができるし、業者間の競争による仕入れ価格の低下も期待できるというわけである。仕入れ価格をさんざんにたたいておいて、あとはそちらの企業努力でなんとかしろという、大企業の論理もまたこの時点ですでに確立されていたのである。

バーゲン・セールの発明

薄利多売方式は、商品の回転を速め、在庫にかかる費用を軽減し、仕入れ価格の低下をもたらしたが、このシステムは逆に見れば、もし、なんらかの理由で商品の回転効率が鈍《にぶ》れば、たちまち悪循環が始まることを意味していた。

ごく単純に考えて、通常の商店のマージンの四分の一で商品を販売しているとすると、一回の仕入れの量が同じなら、少なくとも四倍は回転効率がよくなければならないことになる。もし、回転効率が半分になれば、利益もストレートに半減するということである。それどころか、短期の手形で決済しているので、回転効率の低下はたちまち命取りになる。

ひとことでいえば、仕入れたらすぐに販売し、販売したらすぐに仕入れるというように、在庫という形で商品が寝ている期間は絶対にゆるされず、たえず文字通りの自転車操業を強いられるわけである。第一、地下の搬入部を除くと建物すべてが売り場である〈ボン・マルシエ〉では、在庫品を置いておく場所はなかったといっていい。

商品の搬入は必要最小限に段階的におこなって、在庫費用は納入業者に払わせるというのが〈ボン・マルシエ〉の鉄則だった。日本の大手自動車メーカーの「かんばん方式」はスーパーの販売法にヒントを得たといわれるが、実は十九世紀にすでに先駆者を持っていたのである。

このように、ブシコーの販売方法では、不良在庫はゆるされないはずだったが、当然ながら、見込み違いで、売れ残る商品も出てくる。時代のテンポは今日に比べればはるかに緩やかだったが、それでも、マガザン・ド・ヌヴォテ（流行品店）というぐらいだから、扱う商品のほとんどは、流行の影響を蒙《こうむ》っている。ということは、少しでも、流行遅れになれば、その商品は未来永劫《えいごう》に売れないということを意味する。

従来の衣料品店では、「うぐいす」と呼ばれたこうした売れ残り品は、地方からの旅行者や外国人がやってくると「最新流行の品だと念を押して」（バルザック『幻滅』）売りつけることになっていたが、客の信頼を得るために「誠実」をモットーとしていた〈ボン・マルシエ〉では、このような騙《だま》し商法は取れなかった。そこでブシコーは、フランス語でソルドと呼ばれるバーケン・セールをこの不良在庫にほどこすことにした。『ボン・マルシェ小史』はこう語っている。

アリスティッド・ブシコーは、流行という気まぐれに見放されて、期待したような成功をおさめることのできなかった商品はすみやかに処分しなければならないことを理解した最初の人でした。こうした商品は、在庫が長引けば、まったく価値をうしなってしまうこともあるからです。そこで、〈ボン・マルシェ〉は、数ヵ月に一度、売れ残った商品の在庫処分を定期的におこなうことになりました。こうした商品は、売れた商品とまったく同じようにいささかの欠陥もなく作られながら、お客様の購買意欲をそそることのできなかったものでした。

ここでもまた消費者は、流行という専制の奴隷となっていなければ、利益を引き出すことができるのです。というのも、消費者はほかの商品と同じように品質のよい商品を、はるかに安い値段で買うことができるからです。

“ニッパチ”をどうするか

売れ残りの流行品の在庫処分は、〈ボン・マルシェ〉が最初というわけではなかったが、〈ボン・マルシェ〉のそれは、従来に比べてはるかに徹底していた。すなわち、〈ボン・マルシェ〉では、それぞれの季節商品の在庫期間を三ヵ月と限定し、二ヵ月間の通常価格販売のあと、残りの一ヵ月には、まず三十パーセント引きから始め、ついで五十パーセント引き、そして最後の一週間にはさらに値引き率を高め、すべての商品が完全に売りつくされるようにした。

現在、ソルドの季節にフランスに行くと、ショー・ウィンドーに張り巡らした紙に大きな文字で「Tout doit disparaître（すべてが消え去らねばならない）」と書きなぐったバーゲン風景に出くわすが、この言葉はまさにブシコーの商業ポリシーを要約したものである。不良在庫を長いあいだ抱えているよりは損切りでも処分して資本の回転を速めたほうがいいという発想は、すでに〈ボン・マルシェ〉で確立されていたのである。

しかし、いかにマージンが少なくとも、またいくらバーゲンを定期的におこなったにしても、初期の〈ボン・マルシェ〉のように、衣料品が売り上げのほとんどを占めている場合は、食料品と違って毎日商品が回転しているわけではないから、一年の間には当然回転の落ち込む時期がある。俗にいうニッパチ（二月と八月）というやつである。

それればかりか、何かしらの政治的、経済的アクシデントが生じて、社会が不安定になり、消費マインドが冷え込めば、この回転効率はさらに悪くなる。十九世紀前半の王政復古期や七月王政期に誕生したマガザン・ド・ヌヴォテの多くが、二月革命からルイ＝ナポレオンのクーデターまでの社会的混乱を乗り切ることができなかった理由はここにある。

これに対し、ブシコーが〈ボン・マルシェ〉の経営を始めた第二帝政期は、十九世紀でももっとも政治・経済体制が安定していた時期だったので、幸いなことに〈ボン・マルシェ〉は長期的な回転効率の落ち込みという危機には遭遇せずに済んだ。しかし、それでもニッパチは必ずある。八月はパリから人がいなくなるので店卸《たなおろ》しでもするほかはないが、二月はなんとかしなければならない。

そこで、ブシコーは天才的なひとつのアイディアを思いついた。エクスポジシオンと名付けた大売り出しがそれである。

「白」の展覧会――大売り出しの始まり

バーゲンの終わった一月下旬のある寒い日、売り上げの落ち込みを回避する方法はないものかと思案しながら窓の外の冬景色をぼんやりと見つめていたブシコーは、空から降ってくる粉雪に目をとめた。その瞬間、「白」という言葉が頭にひらめいた。

業界用語では、白（ブラン）とは、リンネルや綿布などの白生地を使ったワイシャツ、ブラウス、下着、シーツ、タオル、テーブル・クロスなどのことを指す。ブシコーは、暮れの大売り出しと年頭のバーゲンのあと、春物を売り出すにはまだ寒いこの時期に、季節商品とは関係の薄いこの「白物」を集中的に売り出すことを思いついた。

かくして、二月の初め「エクスポジシオン・ド・ブラン」と銘打った「白物」の大売り出しが始まった。それは、エクスポジシオン（展覧会）というにふさわしい、ありとあらゆる白生地商品のオンパレードで、店内の多くの売り場がこの商品の展示のために使われ、店内はまさに白一色の銀世界と化した。『ボン・マルシェ小史』には、このエクスポジシオンの準備の様子を描いた次のような箇所がある。

一時間ごとに、この雪の広がりは大きさを増し、四方に伸び、より広い面積を占めていきます。真っ白な幅広の布が天井から垂れ、階段の手摺《てす》りのまわりに巻きつくかと思えば、テーブルの上にも白い布が広がり、ところどころで幅広の高い布の筒が柱を支えるように置かれています。

十九世紀にはまだろくな洗剤もなく、また洗濯方法も中世とさほど変わらぬ原始的な方法に頼っていたので、真っ白なワイシャツや下着を身につけているということは、当時の人々にとっては最高の贅沢だった。そのため、〈ボン・マルシエ〉の白物セールは、良質の白物を奉仕値で手に入れることができるということで、パリ中の、いやフランス中の人々にセン

ブシコーが窓にちらつく雪を見て思いついた「白物セール」の広告。「ニッパチ」を回避するために考えだされたこの「白物セール」は、白の綿生地を中心に、ブラウス、下着、シーツ、テーブル・クロスなどの「白い」衣料を大々的に売り出し、パリ中の女性の熱烈な支持を集めた。

セーションを巻き起こした。

とりわけ、嫁入り道具として白物を揃えることを義務づけられていた女性たちは、娘も母親もこの白物セールを両手をあげて歓迎した。

白物セールがおこなわれる日は、フランス中の女性たちが指折り数えて待つ日になっています。もっともエレガントな女性からもっともつましい女性まで、家庭の主婦も裕福なブルジョワ女性も、白い下着には、一種の国民的な信仰を抱いているからです。（前掲書）

一八八八年に〈ボン・マルシェ〉が発行した手帳「アジャンダ」には、二月六日の月曜日に、この白物セールがおこなわれると書かれているが、普段は〈ボン・マルシェ〉に足を運ぶことのすくなかった上流の婦人も、このセールのときだけは例外で、まなじりを決して〈ボン・マルシェ〉に現れたといわれる。

大売り出しの年間スケジュール

「アジャンダ」の年間ラインナップには、このセールのほかにも、テーマを絞った大売り出しが目白押しに並んでいる。以下、めぼしいところを書き抜いてみよう。

一月九日……ドレス生地と端切れ、および既製服のバーゲン・セール
二月二十日……皮手袋、レース、造花、羽毛、香水の大売り出し
三月六日……春夏物新作生地の大売り出し
三月二十六日……既製服（婦人、紳士、子供服）、帽子、靴、スカート、ジャージー、バスローブ、マチネー（朝用婦人部屋着）、日傘の大売り出し
四月三十日……夏物（婦人、紳士、子供服）小物、帽子、日傘、旅行用衣類、軽装用生地、旅行用品、別荘地用家具の大売り出し
六月四日……夏物大バーゲン・セール、および水着と旅行用品の大売り出し
九月二十四日……絨毯《じゅうたん》、家具、カーテン、家具用布地、陶磁器、漆器、刺繡の大売り出し
十月二日……冬物（婦人、紳士、子供服）新作生地大売り出し
十月二十二日……冬物小物、コート、ドレス、スカート、バスローブ、毛皮、帽子、靴、毛裏つきコート、キルティングの大売り出し
十一月二十六日……冬物新作生地および既製服の大バーゲン・セール
十二月三日……お年玉用品、装身具、玩具、皮革製品、ブロンズ、陶磁器、漆器、贈呈用書籍の大売り出し

こうして見ると、実際に衣服を必要とするシーズンよりも何ヵ月も前に夏物や冬物を売り

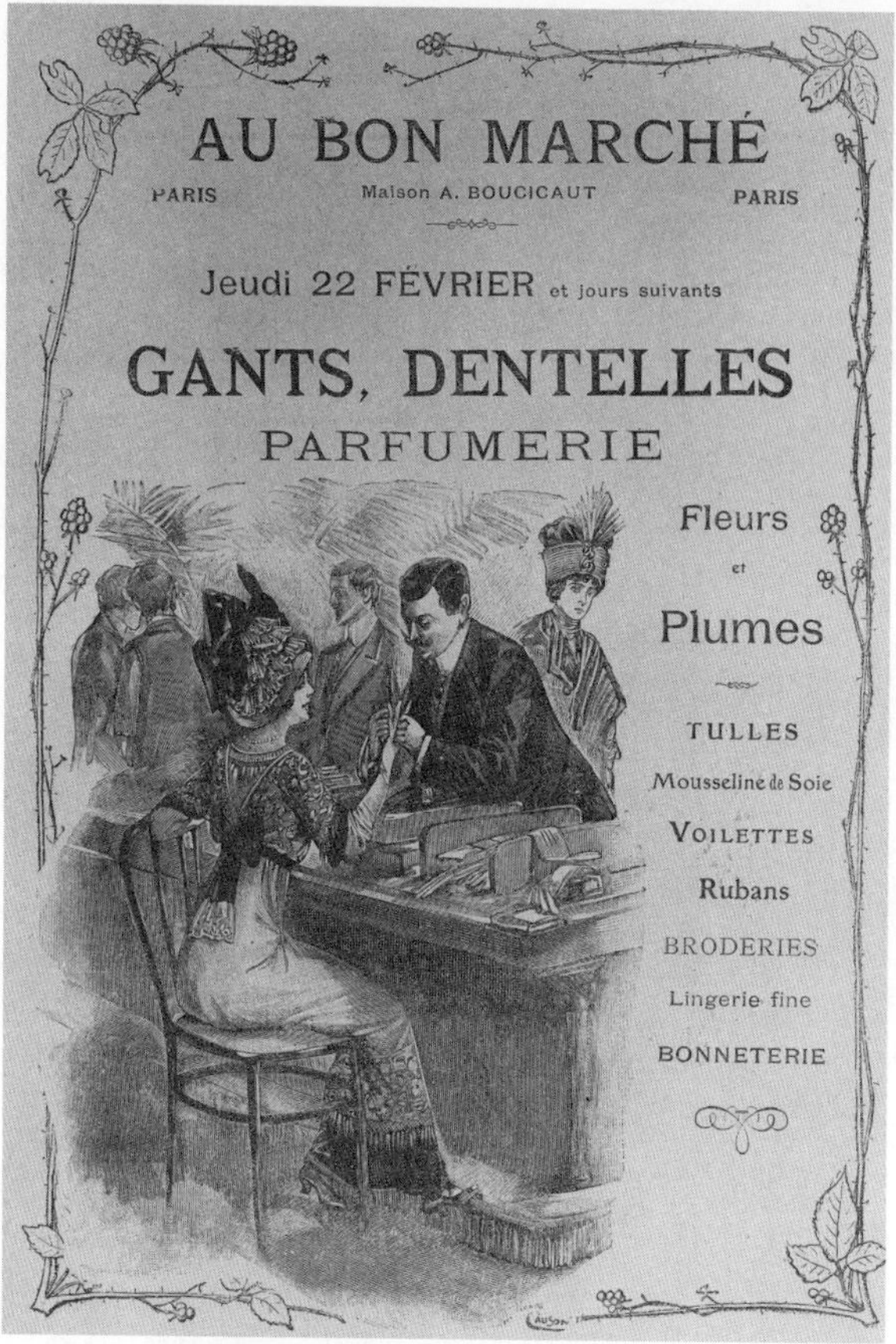

同じく「ニッパチ」回避のための「手袋・レース・香水セール」の広告。ゾラは、女性客と男子店員のあいだで異性が意識されることのあるのは、この手袋売り場だけだと言っている。

出し、その季節が到来したときにはバーゲンを始めるという、シーズン先取り型のデパート商法は、すでにこの時点で完全に定着し、同時にこれといった季節物のないシーズンにもさまざまなテーマの大売り出しや催し物が企画されていることがわかる。

すなわち、季節の谷間の二月、九月にはレース、香水、造花、絨毯、家具、陶磁器、漆器など、季節とは無関係の商品を選んで大売り出しをおこなって、年に一度スポット・ライトを当てるように心がけ、常に商品の回転率を高める工夫をしている。現代のデパートでは扱い品目もはるかに増えているが、基本的には、ブシコーが〈ボン・マルシェ〉で作りだしたこの年間大売り出しスケジュールが洋の東西を問わず踏襲されている。

ひとことで言えば、回転効率を高めるためのデパートの年間大売り出しラインナップの基本的コンセプトは、すでにこの時代に完全に確立されていたのである。いや、それどころかブシコーの編みだした年間ラインナップは、へたをすると現代のデパートの怠惰なところよりもむしろはるかに密度が濃いのではなかろうか。

「目玉商品」というコンセプト

ところで、大売り出しの場合、一つのテーマに沿った商品を集中的に展示して消費者の注目を集め、販売を促進するのが目的であるから、価格的には、バーゲン・セールとは違ってそれほど値引き率は高くない。しかし、消費者の購買心理を刺激するには、売り出しの商品がいかにも奉仕値で販売されているかのような幻想をあたえる必要がある。

そこで、ブシコーが考えだしたのが目玉商品という商法である。すなわち、大売り出しの商品のうち、何点か高品質の人気商品を思い切った廉価で販売し、これによって何はともあれ客を店に呼んでしまおうというのである。

ゾラの『ボヌール・デ・ダム百貨店』には、ブシコーのこうした目玉商品哲学を、オクターヴ・ムーレという主人公の口を借りて説明した次のような箇所がある。

――春物の新作生地の大売り出しのために、「パリ＝ボヌール」と呼ばれる上質の絹織物をリヨンで仕入れてきた売り場主任のブトゥモンがこれ以上はないという薄利で販売しようとすると、取締役の一人のブルドンクルが五フラン六十サンチームという安すぎる価格設定に文句をつける。というのも、売り場主任は、売上高に比例して歩合給が支給されるのに対して、取締役の歩合給は店全体の純利益に応じて決まるから、あまりの薄利で販売されては利益率が低下してしまうからである。二人が言い争っていると、オクターヴ・ムーレが割って入って、売り場主任の価格設定に軍配をあげる。

たしかにこの商品については、一枚につき何サンチームか損を蒙るだろう。だが、それは私の望むところなのだ。損は出る、しかし、そのあとは？　もし、女という女をこの店に引き寄せ、こちらの思いのままに扱うことができたら、女たちは山と積まれた商品を見て、誘惑され、正気を失うはずだ。そして、よく考えもしないで、財布を空にするだろう。いいかね君、要は女たちの欲望に火をつけることだ。そのためには、女たちの気にいるような画期的な商品がひとつ必要なのだ。こうして、いったん女たちの欲望に火をつけてしまったら、ほかの店と同じような値段の商品もたやすく売ることができる。女たちは、高い品物でも安いと思って金を払うことだろう。たとえば、うちの「キュイール＝ドール」という七フラン五十サンチームのこのタフタだ。これはどこでもこの値段で売っているが、一緒に並べておけば、同じようにとてつもない奉仕品だと思われるに違いない。そしてこの分だけで「パリ＝ボヌール」の損は埋め合わせがつくのだ。……まあ、いいから、見ていたまえ。

実際、大売り出しは、ムーレの予言通りとなる。「パリ＝ボヌール」に釣られて大売り出しにやってきた女性たちは、商品の饗宴を前にして平常心を失い、購買欲の奴隷となりはててしまう――。

ゾラは『ボヌール・デ・ダム百貨店』の資料収集の段階で、デパートの商法については主に〈ボン・マルシェ〉を、店員たちの風俗と生態についてはもっぱら〈ルーヴル〉（右岸のルーヴル宮近くのデパート。巻末の「パリのデパート小事典」二二九～二三二頁参照）を取材したといわれるが、ゾラの小説の傾向として、想像力で資料に大幅な変更を加えることはほとんどないので、〈ボヌール・デ・ダム〉の目玉商品のコンセプトは、まず大部分は〈ボン・マルシェ〉のそれを写し取ったものと見てよい。現代のスーパーや激安量販店の出血セールは、ブシコーの発明した商法をたんに引き写しているにすぎないのだ。

値引き合戦の軍配

目玉商品の値引きといえば、ゾラが描いたムーレとロビノーの値引き合戦の結末は、ブシコーの目玉商品というコンセプトの持つ意味をわれわれに強烈に印象づけてくれる。

エピソードの概略はこうだ。ムーレの下で実直に働きながら、後から入社した店員に先を越されてくさっていたロビノーは、ムーレの商法に反感を持つリヨンの絹織物製造業者ゴジャンの後押しを受けて独立し、「パリ＝ボヌール」よりもさらに良質な絹生地をより低価格で売り出して、〈ボヌール・デ・ダム〉の鼻をあかしてやろうと試みる。ロビノーは「パリ＝ボヌール」よりも十サンチーム安い五フラン五十サンチームでこの絹生地を売り出す。

売り出しの最初の日から女性客が津波のようにロビノーの店に押し寄せた。マルティ夫人は、自分は倹約家であるという口実で、要りもしないドレスを一着買った。いっぽう、ブルドレ夫人は布地は確かに美しいと思ったが少し待ってみることにした。たぶん、これから起こることに第六感が働いたのだろう。事実、ムーレは「パリ＝ボヌール」を思い切って二十サンチーム安くした［つまり五フラン四十サンチーム］。ムーレはブルドンクルや他の取締役と激しい口論をしたすえ、たとえ損が出てもこの戦いは受けて立つべきであると、ようやく彼らを説得することができたのである。

ロビノーはムーレがこのような出方をするとは夢にも思っていなかったのでショックを受ける。五フラン四十サンチームというのは仕入れ値そのもので、経費の二十サンチーム分赤字が出るからだった。しかしゴジャンの励ましもあって、ロビノーは今度は、さらに価格を五フラン三十サンチームまで下げる。もうこれ以上は下げられないはずだった。しかし、ムーレは挑戦に応じ、五フラン二十サンチームに下げる。ロビノーも負けじと五フラン十五サンチームにする。そこから戦いは五サンチーム刻みでさらに続く。

ついにムーレは思い切って価格を五フランきっかりにした。彼の店では従業員たちが資本を食いつぶすこうした挑戦に真っ青になっていた。いっぽう、ロビノーはうちのめされ、息絶え絶えになり、五フランのところで値引きをやめてしまった。さらに値を下げる勇気がなかったのだ。

ロビノーの店には大勢の客が押し寄せたが、取り扱い品目が少なく、客は出血価格の商品だけを買い求めたので、売れれば売れるだけ損は大きくなっていった。これに対し、〈ボヌール・デ・ダム〉では、「パリ＝ボヌール」のほかにもたくさんの商品が値引きなしで売れたので赤字は出なかった。結局、一時的にロビノーの店に集まったお客は〈ボヌール・デ・ダム〉に戻っていってしまった。ロビノーには借金だけが残された。

このエピソードは、今日もなお続く零細小売店の悲劇を予告するとともに、ブシコーが開拓した目玉商品の値引き哲学の原点がどこにあるかをわれわれに教えてくれる。

しかし、一八九四年の「ルヴュ・デ・ドゥ・モンド」誌に載ったジョルジ・ダヴネル子爵の「現代生活のメカニズム――デパート」という記事によると、目玉商品で客を釣って、通常価格の商品で元を取るというこうした商法は、消費者（大部分は女性客）がそれぞれのデパートの広告ビラを比較検討して商品の価格を熟知するようになると、そうは簡単に適用できなくなってきているという。

すなわち、それぞれのデパートの売り場の責任者は、ライヴァル・デパートの価格設定を研究して、元を取るための商品についてもぎりぎりの採算ラインまで値引きをおこなわざるをえなくなるばかりか、客を装った従業員にライヴァル・デパートまで問題の商品を買いにやらせることまでしなければならなくなる。それは「別のデパートの値段を持ち出して、あっちのほうが五サンチームだか十サンチーム安いと文句をつける女性客に対して『奥様、品物が違います』と答えられるようにするためである」。

「誠実」が最高の商品――返品可

すでに述べたように、一部のマガザン・ド・ヌヴォテでは返品可を売り物にしているところもあった。だが、返品可とはいうものの、いざ客が商品を返品しにくるとなると、店員はいい顔をせず、気にいらないのは色なのかそれとも型なのかと厳しく問いつめて、結局似たような商品と交換してくれるだけということが多かった。客としては、買ってしまったこと自体を後悔しているので、現金を返してほしいと思うのだが、マガザン・ド・ヌヴォテのほうでは、それをやられてしまうと困るので、欠陥品と認めたとき以外は現金の返却には応じないのが常だった。

これに対し、ブシコーは、客の買った商品が、未着用で期間を置いていない場合は、欠陥品でなくとも、他の商品との交換、あるいは現金の返却に応ずることをはっきりと宣言した。『ボン・マルシェ小史』は、この制度のことを誇らしげに語っている。

この新しい店主は、どんなに疑りぶかいお客様に対しても当店が誠心誠意、お客さまのために尽くしていることをご理解いただくために、次のような原則をうちたてました。つまり、購入された商品、あるいは配達された商品を、ご自宅であらためて眺められたときに、もしお気に召さないと判断なされた場合、当店は、喜んで他の商品との交換、あるいは代金の返却に応ずる用意があるということです。購入した商品を返品できるということは、当店が絶対的な誠意をもってお客さまに対している事実を、疑いをさし挟む余地なく、決定的に証明すると、彼は考えたのでした。

ブシコーはつねづね店員に、無理やり商品を押しつけて買わせるようなことをしてはならないと戒《いまし》め、商品に欠点があれば必ずそれを客に教えるように言いつけていたが、それはすべて、騙し売りという従来の商店の商法ときっぱり縁を切り、偽《いつわ》りのない誠実さをもって高品質の商品を廉価で販売し、顧客の信頼を勝ち得るためだった。返品を認めたのも、まったくこれと同じ理論に基づいていた。

すなわち、デパートにとって、同じ客に何度も足を運んでもらうようにすることこそが、もっとも大切な財産である以上、たとえ、返品による損害が出ても、それと信頼を秤《はかり》にかければ、客の信頼を得ることのほうがはるかに重い、つまり長い目で見れば、そのほうが儲《もう》かると判断したのである。もちろん、客の中には、この誠意を悪用して、一晩パーティーに着ていったコートを次の日に返しにくるような人間もいたが、それも計算のうちに入っていた。たとえ、返品にくる客でも、〈ボン・マルシェ〉に足を運んでしまった以上、結局また何かを買っていくことになるからである。

ブシコーのこうした誠実第一の商法を、装われた誠実さだといって非難する者もいたが、実際には、それが装われたものであるか否かはほとんど関係がなかった。なぜなら、「誠実さ」こそが、〈ボン・マルシェ〉でもっとも確実に売れる「商品」だったからである。

第二章
欲望喚起装置としてのデパート

女性客の征服。〈ボン・マルシェ〉は、女性の欲望を満足させるためにありとあらゆる品物を用意し、「気晴らし」のための消費という新しいファクターを生みだした。女性客は、ブラシが必要だから買うのではなく、何かを買いたいから、たまたま高級ブラシを選んだのである。

巨大店舗の建設

薄利多売方式、バーゲン・セール、テーマを絞った大売り出し、目玉商品、返品可といった、ブシコーが〈ボン・マルシェ〉で生みだした販売方法は、すべて、ひとつの大きな原則に基づいていた。すなわち、多種類の商品が多量に売れるということである。しかし、この原則が貫徹されるためには、絶対的な条件が必要となる。それは、多種類の商品を多量にならべておくことのできるスペース、すなわち巨大な店舗である。いくら、在庫を最小限にとどめるにしても、顧客の要求を満たすだけの種類と量だけは最低限確保しなければならない。

そこで、ブシコーはすこしでも資本が蓄積すると、その金をすべて隣接建物の買収に充《あ》て、ひたすら、店舗の拡大に努めたが、やがて営業規模が加速度的に拡大するにしたがって、売り場の絶対面積がどうしても足りなくなってきた。それに、売り場を継ぎ足しで増やしてきたおかげで、ブシコーの商業ポリシーにぴったりとフィットするような売り場構成と商品構成を生みだすことが次第に困難になってきていた。結論はひとつしかなかった。どこかに巨大な店舗を収容できるような超大型の建物を建設することである。

だが、そんなお誂《あつら》え向きの土地はおいそれとは見つからないし、第一、店舗を移転すれば、せっかくつかんだ固定客を離反させることにもなりかねない。ところが、折からオスマン男爵が推し進めていたパリ改造計画により、従来の店舗に隣接するプチ・メナージュ施療院が取り壊され、その広大な敷地が払い下げられることに決まった。

ブシコーは、オスマンに談判して、この土地を一括して買い取り、バック街、セーヴル街、ヴェルポー街、バビロン街に四方を囲まれた五千平方メートルにもおよぶ一区画に、巨大な店舗を造営することにした。語のまったき意味におけるデパートの誕生である。

スペクタクル空間の創造

一八六九年の九月九日、ブシコー夫人によって最初の礎石が築かれた新しい〈ボン・マルシェ〉の建物は、一八七〇年の普仏戦争と翌年に起こったパリ・コミューンの影響をもろに受けて、工事が中断し、一八七二年の四月にようやくヴェルポー街とセーヴル街に面した第一期工事が完成したにすぎなかった。予定の全館が完成するにはさらに一八八七年まで待たなければならない。しかし、この壮麗な第一期工事の建物を見ただけでも、ブシコーの抱く「デパート」のイメージが従来の商業の枠組を大きく逸脱したものであることがわかる。

まず、新しい〈ボン・マルシェ〉の建設にあたって第一にブシコーが考えたことは、ここをかつて何人《なんぴと》も想像だにしなかったような商業空間に仕立てることだった。いや、商業空間といったのでは正確でない。それは、商業という旧来の概念をはるかに超越した新しいスペクタクル空間の創造だった。いちはやくブシコーを近代のパラダイムの重要な転換者と見な

1869年に定礎し、1872年に一期工事の完成した〈ボン・マルシェ〉の新館。典型的な第二帝政様式の豪華絢爛たる建築。これをもって事実上のデパートの成立と見なすことができる。画面左の白い漆喰壁の建物が〈ボン・マルシェ〉の旧館。これを新館と比較すると、ブシコーの抱いていたデパートのイメージが一目で了解できる。

1872年の一期工事の建物の内部。これだけでも十分に壮麗だが、ブシコーはこの伝統主義的建築のホールが気に入らず、設計者と工事者を更迭する。ガラス屋根が小さく、柱が石であることに注目。

（右）1888年度版の「アジャンダ」のピンク・ページに描かれた〈ボン・マルシェ〉の鳥瞰図。後景には、未完成のエッフェル塔が小さく霞んで見え、〈ボン・マルシェ〉の巨大さを引き立てている。

して、一九八五年に「商人アリスティッド・ブシコーの世紀末」という論考(『世紀末異貌』収録)を発表した高山宏氏はつぎのように指摘している。

ひとことで言えば、世界をスペクタクルに、視覚的対象に変えるシステムとでもいうか、十九世紀半ば、生産から消費へ、使用価値から交換価値へと、文化そのものの体系が大転換する時点に、人々に一定の〈効果〉を及ぼすオプティカル(光学)的な仕掛けが商業的にも大々的に開発されている。パノラマ、ジオラマから映画へとつながる大衆文化の光学的な流行に、たとえばブシコーが目をつけないわけはなかった。グラン・マガザンはあらゆる反映と眩暈の仕掛けを糾合して、人々を〈見る〉存在に還元した。

ここで、『ボヌール・デ・ダム百貨店』の主人公オクターヴ・ムーレが、要は女たちを店に引き寄せ、欲望に火をつけることだと言っていたのを思い出していただきたい。すなわち、ブシコーはたんに目玉商品やバーゲン・セールといった商品の力で消費者に足を運ばせるだけでは満足せず、新しい〈ボン・マルシェ〉という建物それ自体の魅力、デパートというイメージの力によって消費者を誘惑しようと考えたのである。

いいかえれば、消費者が、とくに何を買うという目的がなくとも、無料のスペクタクルを見物するような軽い気持ちで〈ボン・マルシェ〉にやってくること、これこそがブシコーが新店舗を設計するにあたってもっとも重要な眼目と見なしたものだった。

光り輝くクリスタル・ホール

ブシコーはそのため、第二期工事の分からは、設計を気鋭の建築家ボワローに、そして工事を若手技師のギュスターヴ・エッフェル（もちろんあのエッフェル塔の建設者）に委託した。というのも、この二人は、鉄とガラスを機能的に使った新しい建築様式の流派に属していたからである。ブシコーが鉄による建築にこだわったのは、鉄骨の使用により、天井をガラスにした広大なホールを作りだすことが可能になるためだった。そして、建築図面もこのクリスタル・ホールを前面に押しだすために、きわめて斬新なプランを提出していた。

この巨大な建物の全体的骨組は、台形の敷地の四辺の通りに面した四周のビルと、その中を縦と横に走る十の内部ビルからなっています。縦と横のビルは四周のビルをそれぞれつなぐと同時に、お互いのビルを連絡する働きも持っています。そして、これらのビルで区切られた空間は、クリスタル・ホールやガラス屋根のサン・ルームとなり、全体が見事なアンサンブルをなして、あの広大な〈ボン・マルシェ〉を作り上げているのです。（『ボン・マルシェ小史』）

すなわち、万国博覧会のパヴィリオンと同じように、鉄骨とガラスでできたこの〈ボン・マルシェ〉のクリスタル・ホールは、パノラマやジオラマのような光学的イリュージョンを多用したスペクタクルと同様の効果を客に及ぼすものと期待されたのである。仰ぎ見るほどに高い広々としたガラスの天井からさんさんとふり注ぐ眩いばかりの陽光は、店内いっぱいに展示された目もあやな色彩の布地や衣服を、使用価値によって判定される商品から、アウラに包まれた天上的な何物かへと変身させてしまう。そして、客はそこが商店であることをすでに忘れている。

ブシコーの魔法にかけられて

マイケル・ミラーはその卓越した〈ボン・マルシェ〉論の中でこう語っている。

客を消費へと誘うことは、一種の誘惑技術の問題、ある種の舞台演出のようなものだった。そしてブシコーはこうした領域でたぐいまれな才能を発揮した。すなわち、ブシコーはデパートの中に、魅惑に満ちた雰囲気を作りだす技術を心得ていた。(……)〈ボン・マルシェ〉はある種の恒常的祝祭、一種の制度、ファンタスティックな世界、とてつもない大スペクタクルとなり、人々がそこに出かけるのは、事件や冒険に加わるためということになる。つまり、これこれの品物を買いにいくのではなく、ただたんにそこを訪れるためであり、たまたま買い物をしたとしても、それは楽しみのためであり、生活に別の次元を加えてくれる経験に参加するためということになる。(『〈ボン・マルシェ〉、ブルジョワ文化とデパート一八六九―一九二〇』)

そう、ブシコーという魔術師の登場により、〈ボン・マルシェ〉に行くことは、まるでディズニーランドにでもいくような、胸のわくわくするファンタスティックな体験となり、買い物は、必要を満たすための行為ではなく、自分もスペクタクルに参加していることを確認する証《あかし》となる。いいかえれば、消費者は、スペース・マウンテンやキャプテンEOに行列するような浮かれた気分で、絹織物やマントを買う。それが必要だからというのではなく、それがそこに陳列されているからというだけの理由で。

もはや、商品が安いか高いかなどということは問題とはならない。たとえば、『ボヌール・デ・ダム百貨店』の中に登場するマルティ夫人は、ある商品が安いから買ったと説明するが、それはただ購買衝動を覆いかくすための口実でしかない。極端な言い方をするなら、買いたいという欲望がいったん消費者の心に目覚めた以上、買うものはどんなものでもいいのだ。まず消費願望が先にあり、消費はその後にくるという、消費資本主義の構造はまさにこの時点で生まれたのである。

万国博覧会とデパート

では、ブシコーは、商品と祝祭空間の結合による潜在的消費願望の掘り起こしというこうした手法をどこで学んだのだろうか。それはいうまでもなく、第二帝政下に二度、一八五五年と一八六七年に開催されたパリ万国博覧会である。

パリ万国博覧会は、ナポレオン三世の誇大妄想狂的な巨大都市建設の夢想とサン＝シモン主義者たちの産業ユートピアの構想が結びついて実現した壮大なイベントだったが、その原点はあくまでこの世に存在するあらゆる事物を、鉄とガラスでできたお伽話《とぎばなし》のようなパヴィリオンの中に展示（エクスポゼ）し、民衆をこれらの事物の力で啓発するというところにあった。ひとことで言えば、日常空間とは切り離された広大な空間の中に、あらゆる事物を運び込んで、事物それ自体によって教育をおこなう「事物教育（ルソン・デ・ショーズ）」というのが、パリ万国博覧会の当初の狙いであった。だが実際はどうなったか。

万国博覧会は商品の交換価値を神聖化する。それが設けた枠の中では、商品の使用価値は後景に退いてしまう。博覧会がくりひろげる目もあやな幻像に取り囲まれて、人間はただ気散じをしか望まない。（ベンヤミン『パリ――十九世紀の首都』川村二郎訳）

ようするに、主催者の意図とは裏腹に祝祭空間の中に閉じ込められた事物は、使用価値を民衆に教えるどころか、事物そのものの発するアウラ、すなわちフェティッシュ性により、人々を、交換価値のほうで魅惑してしまうのである。

ここでブシコーがテーマ別の大売り出しを「エクスポジシオン」と呼んだ事実をもう一度想起してほしい。すなわち、エクスポジシオン・ユニヴェルセル（万国博覧会）と同じように、〈ボン・マルシエ〉に陳列（エクスポゼ）されている商品は、別段買ってもらうためにそこに置いてあるのではなく、なにはともあれその優れた品質を見て存在を知ってもらうために展示してある、これが「エクスポジシオン」という名称の表むきの由来である。

もちろん、その本当の狙いは、万国博覧会において観客が示した反応を引き出すことである。そして、万国博覧会とは違って、〈ボン・マルシエ〉ではすべてが買えるのだから、勝負は初めからついている。〈ボン・マルシエ〉では、客はまさに「気散じ」のために品物を買うことになるのである。万国博覧会に感動したプルードンは「常設博覧会」の構想を発表したが、プルードンのアイディアは二十年を経ずしてブシコーのデパートで現実のものとなってしまった。

商業のカテドラル

新しい〈ボン・マルシエ〉は、万国博覧会のパヴィリオンのような大ホール以外にも、客を引き付けるためのさまざまな工夫がこらされていた。

まず、第二帝政様式の典型ともいえる堂々としたファサードは、シャルル・ガルニエのオペラ座と同じように、壁面をすべて美しい高級石材で飾り、商店の建築というよりは、むしろ劇場か大寺院のそれを思わせた。セーヴル街の正面入口の上には、女像柱が飾られ、屋根には見事なドームが戴《の》っている。しかも、以前には視界をふさいでいたヴェルポー街寄りの民家が取り払われて公園になったため、道路幅の拡張されたセーヴル街から眺めると、はるか遠くのほうからも角のドームの威容が目に入ってくる。

実際、私も初めてパリを訪れたとき、クロワ＝ルージュの交差点から遠望できるあの記念建造物らしき豪華な建物はいったいなんなのだろうと思ったものである。ようするに、新しい〈ボン・マルシェ〉は、正面入口の左側にまだ残っているいかにも安売り店風の石灰塗料塗りの旧館と比べるとわかるように（六六ページ図版参照）、ブルジョワ夫人が誇らしげに入っていくことのできる大建築に仕上がっているのである。

劇場か寺院のような建物というこの印象は、店内に一歩足を踏みいれると、いささかも偽《いつわ》りではなかったことがあきらかになる。吹き抜けのガラス天井からふり注ぐ陽光のことはすでに述べたが、その陽光を浴びて輝く馬蹄型の三重の階段は、そのままオペラ座の桟敷《さじき》席へとつながるのではないかという印象すらあたえる。また鉄だけが出せる曲線美をうまく生かした装飾的な手摺りは、バルコニーを支える鉄柱の直線と見事に調和し、それまではただ温室のように広いだけだったマガザン・ド・ヌヴォテのホールとは比べものにならないよう

セーヴル街の正面入口。商店というよりも、劇場か大寺院を思わせる建築。入口の上には女像柱が飾られ、屋根には見事なドームが戴っている。建物のわりに、入口が小さいことに注目。

1874年に完成した二期工事の建物の内部。建築家のボワローと技師ギュスターヴ・エッフェルの作ったこのクリスタル・ホールは、ブシコーの抱いていた新しい商業空間のイメージをほぼ完璧に実現した。ガラス屋根が大きく広がり、鉄の柱の直線と階段の曲線が見事な調和を生みだしている。鉄柱の麓には、布地の「滝」が広がっている。

な、豪華絢爛たる雰囲気を醸《かも》し出す。そして、陽が落ちる頃ともなると、四千三百基のガス灯と巨大なシャンデリアから放たれた眩い光が大鏡に反射して、この世のものとも思えぬほどの崇高な世界へと人々をいざなう。

ひとことで言えば、まさに高山宏氏がサブライムな商空間と名づけた、「現代商業の大伽《だいが》藍《らん》（カテドラル）」（ゾラ）が現出したのである。

演出された大混雑

だが、この大伽藍もそこに巡礼者たちが列をなしてひしめきあっていなければ、そのありがたみも半減する。なぜなら、そこで巡礼者たちの恍惚《こうこつ》感を高めるのは、先にも述べたように、自らも他の者たちと同じようにセレモニーに参加しているという共生感（ユナニミテ）だからである。

ブシコーはこうした顧客の心理を、とりわけ女性客の心理を熟知していた。そのため彼は、宏壮なホールに比べてわざと入口を狭くしたばかりか、入口付近に奉仕価格の商品をワゴンに山積みにして、そこに自然と人だかりができるように工夫した。ゾラはブシコーのこうした天才ぶりを『ボヌール・デ・ダム百貨店』の中でこんなふうに描いている。

だが、ムーレが並びなき天才であることを示したのは、デパート内部の売り場の配置だった。〈ボヌール・デ・ダム百貨店〉の中には、人気のない片隅がひとつとしてあってはならないというのがムーレの金科玉条《きんかぎょくじょう》だった。彼は、いたるところに、騒音を、人の波を、活気を要求した。なぜなら、活気は活気を呼び、人の波を大きくして、氾濫《はんらん》を起こさせるからだ。この法則から、彼は考えうるあらゆる応用例を引き出した。まず、入口付近に押すな押すなの大混雑を作りださなければならない。すなわち、通りから見たら暴動でも起こっているのではないかと思わせるようにしなければならない。彼は、この大混雑を生みだすために、入口に見切り品を置くことにした。捨値の商品が仕切り箱や籠《かご》にあふれんばかりに並べられた。おかげで、財布の寂しい人々がそこに固まって、入口をふさぎ、店内は人出ではちきれんばかりになっていると思わせた。実際には、半分の入りでしかないこともしばしばあったのに。また回廊の売り場で、閑古鳥《かんこどり》がないているようなところがあると、たとえば、夏シーズンのショール売り場だとか、冬シーズンのインド更紗《さらさ》の売り場などのようなものがあるときには、これをなんとかかくそうと工夫した。(……)ムーレは、もしその方法が見つかりさえするならば、店の真ん中に通りだってとおしたことだろう。

この部分は、とくに最後の言葉が、ムーレことブシコーの消費資本主義の奥義を示すものとしてあまりにも有名だが、実際、ゾラの草稿を集めた『調査ノート』には、〈ボン・マルシェ〉の箇所にそっくり同じ記述があり、「まったく〈ボン・マルシェ〉はいつでもすごい人だかりだ！」という群衆の言葉が拾われている。

人の流れを支配せよ！

さらに『調査ノート』の〈ボン・マルシェ〉のところには次のような書き込みもある。

オクターヴは最初、売り場を体系的に配置する。片方には既製服の売り場ばかりを、もう片方には生地の売り場ばかりをという具合に。（……）それから、こうした配置は人の流れを一箇所に集中してしまうことに気づく。そこで、彼は、一見すると無秩序としか見えないような配置換えをおこなう。たとえば、流行の服やドレスやスーツを既製服やマントの売り場から隔離して、別の端や別の階にもっていく。ひとことでいえば、ひとりの女性が次々に必要とするような品物を、あるいは次から次へと見てみたいと思うような商品を、バラバラな売り場に切り離してしまうのである。こうした一見無秩序と思える配置は以下のような結果をもたらす。すなわち、まずそれは、人の集合を適度に分配し、同時にいたるところに人がいるようにする。次に、それは人々を頻繁に行ったり来たりさせるため、活気を生み出し、客が増えているような錯覚を与える。店員が客を案内して店内を端から端まで移動しなければならないのは、確かに両者を疲れさせるが、彼らが動きまわることによって店内には混雑が生まれる。最後に、それは、客が店の中をあらゆる方向に移動して、あらゆる商品を目にすることを強いる。そして、客はふと気にいった品物に出くわして、その売り場でたちどまることになる。

この覚え書きは、『ボヌール・デ・ダム百貨店』の中でいっそう劇的な形で生かされている。すなわちムーレは、新装開店の前々日に、最後の点検をしているときに、突然啓示を受けたように売り場の配置換えを思いつき、店員や取締役たちの猛反対を押しきって、突然の改装を断行してしまうのである。結果は、ムーレの大勝利で、〈ボヌール・デ・ダム〉はかつていかなる商店もなしえなかったような売り上げを記録する。

人の流れを意のままに操ろうとするムーレのこうした意志は、決してゾラの思いつきではない。卓越した『ボヌール・デ・ダム百貨店』論を書いたレイチェル・ボウルビーは『ちょっと見るだけ——世紀末消費文化と文学テクスト』（高山宏訳、ありな書房）の中で、一八七二年の新館のオープニングに際してブシコーが語ったという言葉を拾っているが、それは、ゾラが『調査ノート』に記した覚え書きとほとんど同じである。

ところで、客の流れを一ヵ所に固定させず、常に人の波が店内を動き回っているようにしむけるブシコーのこうした発想は、実は、商品と金銭を猛烈なスピードで回転させることによって経営規模を無限に拡大していくという彼独特の商業哲学の基本テーマにあきらかに連

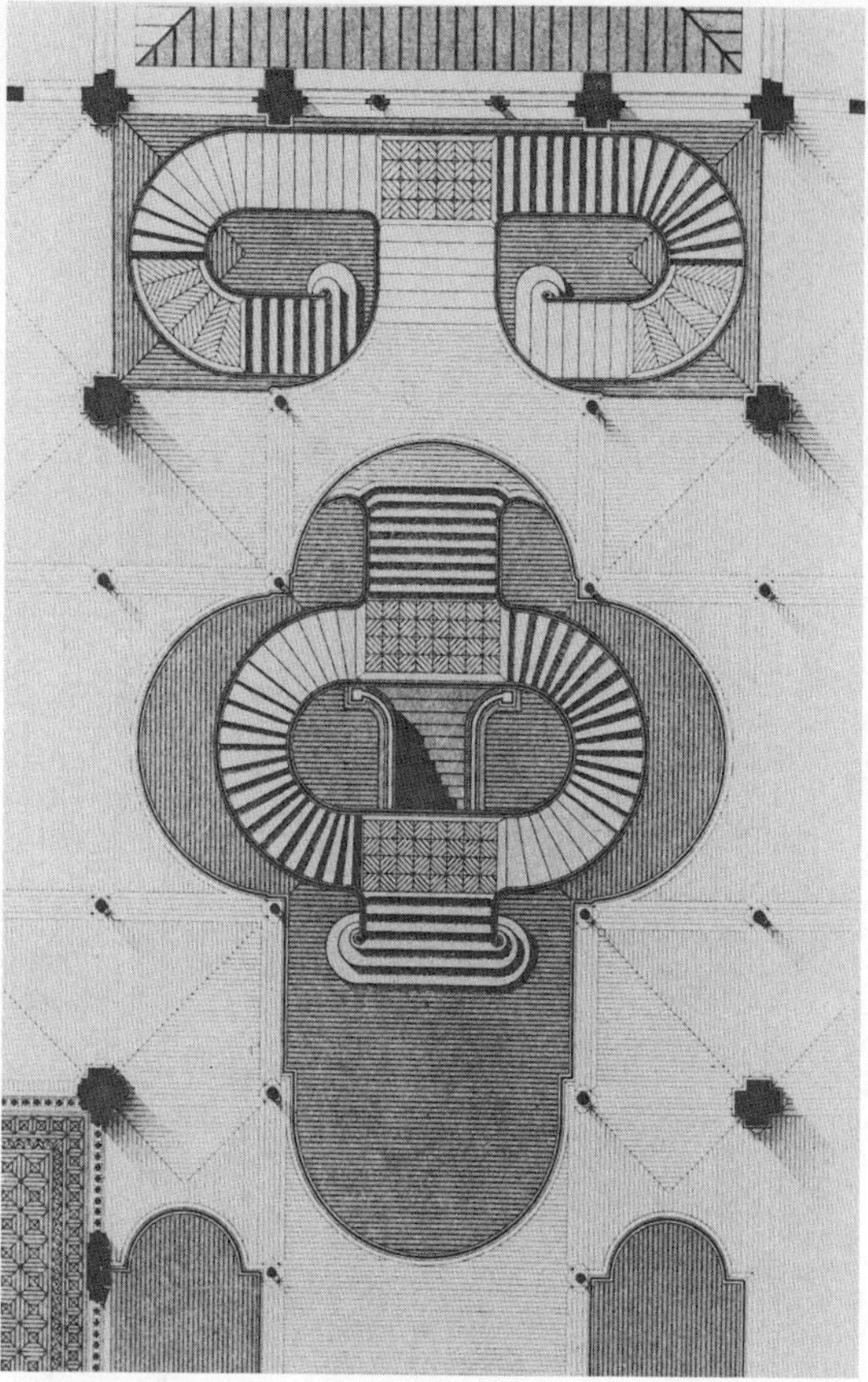

〈ボン・マルシェ〉の断面図。左右対称の階段の配置図は、血液循環を示す人体解剖図を連想させる。もちろん、ここで流れる血液とは、客と商品と金銭である。

なるものである。ひとことで言えば、商品と金銭と人間という三位一体の血液が、絶えず体内を「循環」(ミッシェル・セールのゾラ論『火、そして霧の中の信号――ゾラ』のキー・ワード)することにより、デパートという人体は生命の火を燃やし続けることが可能になるというわけである。そういえば、〈ボン・マルシェ〉の建築図面は、正面図も断面図も、いかにも人体解剖図に、とりわけ血液の循環図に似ていはしまいか。

商品のオペラ――ディスプレイ

〈ボン・マルシェ〉が、同時代に建設されたシャルル・ガルニエのオペラ座にイメージを重ね合わせてつくられていることは何度か触れてきたが、店舗が劇場、買い物客が観客だとすると、肝心のオペラは当然商品ということになる。そして、ブシコーは、この「商品のオペラ」の傑出した演出家だった。まずは、ゾラの描写によってブシコー(=ムーレ)のオペラのひとつを見ていただきたい。いささか引用が長くなるが、このウィンドー・ディスプレイは、一個の「作品」なのだから、省略してしまうわけにはいかないのである。

ドゥニーズたちはなによりも、その複雑なウィンドー・ディスプレイに魅了された。まずウィンドーの上のほうには、雨傘がずらりと斜めに並べられ、さながら丸太小屋の屋根でも戴っているかのような感じを出している。その下では絹のストッキングが傘の柄に吊されて、ふくらはぎの丸みを帯びた横顔をのぞかせている。バラの花束をあしらったのもあれば、ありとあらゆる色彩の無地のストッキングもある。透かしの入った黒いストッキング、刺繡《ししゅう》入りの赤いストッキング。肉色のストッキングの艶《つや》のある肌理《きめ》はブロンド美人の皮膚の柔らかさを思わせる。そして、棚板のラシャ生地の上には、手袋が指を伸ばした形でシンメトリックに並べられているが、ビザンチンの聖処女のようなその小さな掌は、いまだに使用されたことのない女性用小物の、少女のようなかたくなな魅力をたたえている。だが、とりわけ彼らを釘付けにしたのは、最後のウィンドーだった。そこでは、絹とサテンとビロードの生地が、花々の限りなく微妙な色調をまねて、なめらかに、そして揺らめくようにグラディエーションを描きながら花開いていた。一番上には、深い黒のビロードと凝乳の白を思わせるビロードが揺らめき、その下では、鮮やかな稜線の入ったバラ色とブルーのサテン地が、徐々に褪色しながら限りなく淡い色彩へと変化していった。さらにその下では、虹の七色を模した絹地が、卵の殻の形に折り込まれ、ぐいと反《そ》らした女の腰のあたりを連想させるような皺《しわ》がわざとつけられて、さながら店員の巧みな指使いで、絹地が命をあたえられているかのようだった。また、ディスプレイのそれぞれのモチーフと、色彩のフレーズのあいだには、クリーム色のスカーフのラッフル状の軽快な紐が、目立たない伴奏曲のように走っていた。そして、とどめは、ウィンドーの両端に、山のように積み重ねられた二種類の絹生地だった。それは、この店が独占販売権を持つ「パリ＝ボヌール」と「キュイール＝ドール」で、いずれマガザン・ド・ヌヴォテの業界に革命をもたらすものだった。

描写を注意深く読んでいただければおわかりになるように、ウィンドー・ディスプレイは、それぞれが、ある種の物語性を含んだオペラの情景ないしは楽曲を構成している。つまり、緩《ゆる》やかな序章から始まって、クライマックスに至り、大団円を迎えるというように、ウインドーの前に立った客は、ディスプレイを見ながら、売り出しのテーマに基づいた商品のオペラを楽しむことができるように工夫されているのである。もちろん、楽しんだ分だけ、いいかえれば、物語を享受《きょうじゅ》した分だけ、デパート側の「これを買え」というサブリミナル・イメージは客の深層心理にしっかりと植えつけられてしまうことになる。

しかも、このオペラには、第二帝政期から本格的にパリの夜を照らすようになったガス灯の照明という強力な舞台効果が加わっていた。つまり、デパートの売り出し重点商品は、プリマ・ドンナのように、文字通りスポット・ライトを浴びせられ、オプティカルな強調を受けて光り輝いているのである。パリの夜は、それまでは薄暗いオイル・ランプの光しかなく、冬ともなれば、心をふたがせる暗黒があたりを覆っていたので、突如、闇を切り開くように出現したこうしたショー・ウィンドーは、当時のパリジャン、パリジェンヌたちにとって、それこそ、「文明からの贈り物」と思えたことだろう。

彼らが、灯火を求める虫のようにウィンドーの前に集まって賛嘆のため息をもらしたとしても、いささかの不思議もあるまい。〈ボン・マルシェ〉の壮麗な建物にひきつけられて、店の前までやってきた消費者は、すでに、ウィンドーの前にたたずんだだけで、ブシコーの魔術に搦《から》めとられてしまっているのである。

客の目をくらませてしまえ

ところで、〈ボン・マルシェ〉の商品ディスプレイは、趣味のよい店員が担当することもあったが、たいていはそれぞれの売り場に専門のディスプレイ係がいて、ほかの売り場に負けないようにと、センスの良さを競《きそ》いあった。しかし、重要なエクスポジシオンのときには、ブシコーその人が陣頭指揮に立って、直接ディスプレイを指示した。

そのディスプレイの基本は、店内に一歩足を踏みいれた客が思わずハッと息を呑《の》むような、不意撃ちによる驚異（メルヴェーユ）の喚起にあった。すなわち、必ずしも、洗練された趣味のよさや色彩の調和などには囚《とら》われない、人の意表をつく仕掛けが〈ボン・マルシエ〉の大売り出しのときの特徴だった。

たとえば、「白物セール」のときには、それぞれの売り場が白い生地や商品だけを優先的に並べたばかりか、上の階の回廊や階段の手摺りを白い生地で覆いつくし、造花も白、靴も白、さらに家具にも白のレースをかぶせるなど、全館をすべて白で統一し、白いソックスで

〈ボン・マルシェ〉という文字をつくって店内のいたるところに掲げるようにしていた。一九二三年の「白物セール」では、「北極」というテーマに従って、アール・デコ調にセットされたシロクマやペンギンが、ホールに入った客を出迎えるようになっていた。

ようするに、ブシコーにとって、店内の商品ディスプレイは、〈ボン・マルシェ〉という劇場を舞台にして展開する大スペクタクル・ショーにほかならなかったのである。

『ボヌール・デ・ダム百貨店』は、こうしたブシコーのディスプレイ哲学を例証するような場面にことかかない。たとえば、春の大売り出しのとき、洗練されたセンスが自慢の店員ユタンがブルーの絹生地をグレーと黄色の隣に置いて調和のある趣味のよいディスプレイをしていると、そこにムーレが通りかかって、こう怒鳴《どな》る。

「なんでまた客の目をいたわろうとなんかするんだ。怖がることはない。客の目をくらませてしまえ。いいか、赤！　緑！　黄色！　これでいくんだ」

ムーレは、客が店から出たときに、目が痛くなるようなディスプレイをしなければならないと主張する。そして、実際、客はこの強烈な色彩に吸い寄せられたように絹生地売り場に殺到してくる。

また『ボヌール・デ・ダム百貨店』の新装開店の場面では、開店間際になって突如ムーレ

商品のオペラ、ディスプレイ。〈ボン・マルシェ〉の最大の呼び物「白物セール」は、不意撃ちによって買い物客の驚異を喚起する大スペクタクル・ショーだった。この年（1923年）のテーマは「北極」で、アール・デコ風の飾りつけの中で、シロクマやペンギンが客を招いている。下は、張りぼてのペンギンを作っている従業員。

がホール正面の天井の真ん中を飾っていたブルーの日傘を両端に移動しろと命じるが、それは、次のような効果を引き出すためだった。

女の征服

「ねえ、見て！」ボーヴ夫人は、空中に目をむけたまま、動かなくなった。

それは日傘のディスプレイだった。すべて一杯に開かれた日傘が、天井の格子のガラス窓からニス塗り樫の波状刳《く》り形まで、さながら首飾りのように円を描いて並んでいた。上の階のアーケードのまわりでは日傘が花綱模様を作りだし、また鉄の柱に沿っては花輪の形にディスプレイされ、回廊から階段にかけて手摺りにずらりと間隔をつめて並べられていた。そして、壁面のいたるところでシンメトリックに配置され、壁を赤、緑、黄色の色彩で派手に染め上げていた。それはまるで、なにかのとてつもない祭りのために火を灯されたヴェネチアン・ランプのようだった。

こうしたムーレのディスプレイがそのまま〈ボン・マルシェ〉の再現だとは言わぬにしても、かなりの部分で、客を一気に魔法の世界に引き入れてしまうブシコーのディスプレイの神髄を伝えているのは確実である。

ところで、先に〈ボン・マルシェ〉を「現代商業のカテドラル」と断定したゾラの言葉を引用したが、多くの新興宗教の信者がそうであるように、このカテドラルに日夜詣《もう》でる信者たちの大部分は女性であった。そして、ブシコーの集客戦術の大部分は、女性信者の心理を巧みに捉える魔術的宗教家の人心収攬《しゅうらん》術に酷似していた。

すなわち、廉価販売、バーゲン・セール、目玉商品といった販売戦術そのものに関するソフト・ウェアについても、またオペラ座か大聖堂を思わせる豪華絢爛たる店舗、天上の楽園かと見まがう内部のオプティカルな装飾、スペクタクル・ショーとしてのディスプレイなどのハード・ウェアについても、ブシコーが心を砕《くだ》いたのは、ただただいかにして女性客を〈ボン・マルシェ〉にひきつけるかということであった。ゾラは『調査ノート』の中で、ブシコーを念頭に入れて、こう言っている。

わがオクターヴは、常に女を満足させるために、女の欲しがるすべてをあたえるために、そして、女を愛撫で包みこむために、ありったけの知恵を絞ることになる。

だが、ゾラはこうした「女性に奉仕するオクターヴ」の裏に、「女性を思いのままに操るサディスティックな暴君たるオクターヴ」が隠されていることを見逃さない。

彼は自らが女であった。彼は女たちのひそかな生の部分に関して、一種のデリケートな感覚を身につけていた。女たちは、彼の持つこの感覚につけいられ、所有されるのを感じていた。いっぽう、彼のほうはといえば、女たちを思い通りにすることができると確信したそのときから、女たちの上に残酷に君臨する、おしゃれ用品の残忍な暴君として立ち現れた。

ゾラの表現は、何分にも、性的なメタファーを多用する傾向が強いので、これをそのままブシコーにあてはめてしまうのは気の毒かもしれないが、いずれにしてもブシコーが〈ボン・マルシェ〉のターゲットとして、ひたすら女性客のみに狙いをつけていたことだけは確実である。ブシコーが発明したあらゆる商法は、あらかじめ結論を出してしまえば、ただひとつの方法にいきつく。それは、女性の中に眠っていたすべての欲望を目覚めさせることである。ここではすこし趣向を変えて、ゾラの『ボヌール・デ・ダム百貨店』を参考にシミュレーションをおこない、ブシコーの誘惑戦略がどのように機能するかを見ていこう。

賢い主婦の買い物

まず第一の誘惑は、賢い主婦としての倹約の欲望を喚起することにある。

——玄関に投げ込まれた広告ビラを見て、安い絹生地にだけマルをつけたプチ・ブル階級の主婦A夫人は、メートル当たり十サンチームの得をしようと、〈ボン・マルシェ〉にやってくる。だが、乗合馬車の屋上席から〈ボン・マルシェ〉の壮麗なドームが見えたときから、彼女の心臓は早鐘を打ち始める。

ショー・ウィンドーに飾られた商品のオペラを目にした彼女は、もはや格安商品の購入という当初の目的は半ば忘れている。それよりも、火をつけられた好奇心が、一刻も早く店内に入るようにと彼女をせかす。だが、入口は、ものすごい人だかりで、おいそれとは中に入れない。この人混みが、賢明な彼女の理性をうしなわせる。店内にいるほかの客たちは、何かとてつもないサーヴィスをしてもらっているのではないかという疑いが、気持ちをいっそうはやらせる。それでも、ようやく店内に入ることのできた彼女は、一瞬、思ったほどには混んでいないことに拍子抜け《ひょうしぬ》けするが、つぎの瞬間、大ホールのガラスの天窓からふり注ぐ陽光に目を奪われ、呆然とその場に立ちつくす。

やがて店内の明るさになれた目に、商品のスペクタクルが飛び込んでくる。この時点で、安い生地のことは完全に念頭になくなっている。だが、偶然、視線を転じた先にあった女たちの人だかりが、来店の目的を思い起こさせてくれる。手にしてみると、それは確かに、その値段ではとうてい手にいれることができないような素晴らしい絹生地だ。彼女は、この際、と思って、予定よりも多めに生地を購入することにする。

いい買い物をしたという充実感

店員に案内されてレジにむかう途中、ふと、上質の真っ白な綿布を目にした彼女は、あれで夫のワイシャツを作ってやりたいという欲望が目覚めるのを感じる。だが、正札を見ると、さすがにそれだけの値段はしている。しかし、さきほど、絹生地を買ったときに、店員が言った言葉が心に蘇る。「もし、お買い求めになられたあと、お気にいりませんようでしたら、なんなりとお申しつけくださいませ。お代金はお返しいたします」。

そこで、彼女は意を決して、その綿布も買い求めることにする。返品できるという安心感が、思わぬ出費をしたと責めたてるプチ・ブル的良心をなだめてくれる。

こうして、売り場から売り場へと、まるで店員に引き回されるように経巡《へめぐ》り歩き、次々と「思いもかけなかったような必要品」の数々を見つけてしまったA夫人は、気づいてみれば、安サラリーマンの夫の給料では、いかにも身分不相応な、大変な買い物をしてしまっていた。

だが、乗合馬車に飛び乗った彼女の心は、思いのほか軽かった。いい買い物をしたという充実感があった。今度は、バーゲン・セールのときにお金をたくさん持って〈ボン・マルシエ〉にこようと、彼女は考えていた――。

しかし、ブシコーの女性誘惑戦術が、ただ、これだけのレベルにとどまっていたのなら、彼が、近代消費資本主義の発明者として、歴史に名を残すことはなかったかもしれない。つまり、必要から出発して、必要のないものまで買わせるという商法だけでは、必ずどこかでいきづまる壁があるのだ。〈ボン・マルシェ〉と同じような薄利多売システムを採用していた第二帝政期のマガザン・ド・ヌヴォテで、次の第三共和制まで生き残ってデパートへと変身をとげることに成功した店が、それほど多くはなかったのは、この壁が意外に厚かったことを物語っている。

では、マガザン・ド・ヌヴォテとデパートとを隔てていた違いは、その店舗規模というファクターを別にすると、いったいどこにあったのか。

贅沢品の誘惑

ひとことでいえば、それは、デパートで買い物をすると自分のグレードが一段アップしたと感じられるような贅沢品、あるいはこの品物を買うためなら自分を投げ出してもいいと思えるような官能性を持った超高級品を品揃えの中に加えることができたか否かにかかっている。〈ボン・マルシェ〉でいえば、一八七二年の新館の開店は、この意味で、あきらかに一つのエポック・メイキングをなしていた。

デパートの建物やインテリア、ディスプレイなどのハード・ウェアを、ディスタンクシオン（社会的差異性）という意味づけから、女性たちのドリーム・ワールドとして構築したブシコーは、そこで販売する商品についても、同じような飛躍が必要だと考えたのである。す

贅沢品の誘惑。〈ボン・マルシェ〉は官能性を持った贅沢品を品揃えに加えて女性客の高級品志向を加速させ、これにより、安売り量販店からの脱却をはかった。とりわけミンクの毛皮などの高級品の誘惑は強かった。

なわち、たんに目玉商品で女性客を釣るばかりでなく、目にしたら、手に触れたら最後というような、ゾクゾクするような贅沢願望を女性のうちに喚起する高級商品を用意しなければならないのである。

ゾラは、これを贅沢な商品の官能性（ヴォリュプテ）による女性の誘惑ととらえ、性的なメタファーを多用した描写をおこなっている。

> 絹売り場は、ホールの奥の、ガラスの天窓を支えている鉄柱のひとつのまわりにあった。それは、さながら、生地の奔流で、ギャザーをつけた絹生地が上のほうから、床にむかって大きく広がりながら崩《くず》れ落ちていた。まず最初にほとばしるのが、明るい色のサテンと柔らかい絹である。サテンは女王風サテンと泉の水を思わせる光沢のある色調のルネッサンス風サテン。シルクは、クリスタルの透明感をもった軽やかなシルクで、ナイル・グリーン、インディアン・スカイ、メイ・ピンク、ダニューブ・ブルーなどの色調がいりみだれている。つぎは、色の濃いメルヴェーユ・シルク、公爵夫人シルクなどの腰のある生地で、これが、大きな波を描いて渦巻いていた。そして、その下では、まるで泉の受水盤の中のように、厚手の布が淀《よど》んでいる。（……）女たちは、欲望で蒼白《そうはく》になり、自らの姿をそこに映そうとでもするかのように、身を傾けた。すべての女たちが、この解き放たれた大瀑布《ばくふ》を前にして、立ちすくんでいた。あまりの奢侈《しゃし》の横溢《おういつ》に自分が捕えられてしま

うのではないかとひそかに恐れおののきながら、いっそそこに身を投げて、身を滅ぼしてしまいたいという抗《あらが》いがたい欲望にとりつかれていた。

すなわち、贅沢なモノの発するアウラを最大限に利用して、女性の被虐願望を購買願望に結びつけてしまおうとするのが第二の誘惑である。ゾラは『ボヌール・デ・ダム百貨店』の全編にわたって、女たちが、心ならずも贅沢品を買ってしまうことを、巧みな誘惑者の手にかかって操《みさお》を失うということと同列視し、こうした精神分析的な誘惑戦術が、ブシコーが女性を征服しえた最大の原因であると考えているようである。

女たちは、賢い主婦としての買い物に負け、ついで恋の駆引きによって征服され、最後に骨まで貪《むさぼ》り食われた。

そして、ムーレにこんな決定的なセリフを言わせている。

「女をつかまえたまえ。そうしたら、世界だって売りつけることができるだろう」

万引きを誘発するデパート

だが、このムーレ（＝ブシコー）の誘惑戦術に屈した女性が、「世界」を買うだけの金を持っていなかったとしたらどうなるのか。当然、そこには、「デパートによって引き起こされた緊張の歴然たる結果」（ゾラ）として、万引きという現象が現れる。

監視員のジューヴはカウンターに沿って並んでいる人混みの中に、いかにも軍人らしい仕草《しぐさ》で勲章をひけらかしながら割って入り、そこに置いてある高価で高級な商品が盗まれないようにした。その商品は簡単に袖の奥にすべりこませることのできるものだったのである。ド・ボーヴ夫人の背後にまわりこんだとき、彼は夫人の手がレースの束の中に差し込まれたのを発見し、するどい一瞥《いちべつ》を投げかけた。夫人の手は熱に浮かされたように震《ふる》えていた。（ゾラ『ボヌール・デ・ダム百貨店』）

ド・ボーヴ夫人はデパートによって引き起こされた欲望をなだめるだけの財力がなかったために万引きの誘惑に駆られたのだが、実際には、財力に恵まれた上流階級の女性が、快楽のために万引きをするケースがすくなくなかった。

北山晴一氏の『おしゃれの社会史』（朝日新聞社）には、一八八〇年から一八八二年にかけて万引きでつかまった女性の裁判記録が収録されているが、中には次のような興味深いケースもある。

「K男爵夫人。盗品―靴、絹、香水、編み紐。母、妹と共謀。現行犯逮捕。釈放」

「サン・J夫人。四五歳。盗品―絹地三三メートル一本、二〇メートル一本。どんなにかさばった品物も目のさめる早業でドレスの丸みの中に消滅させる。禁固三月」

「S・C・G夫人。夫は英国軍高級将校。ラッコのマントの裏に取り付けた特製ポケットの中に盗品を隠した。手袋をしている時でも、プロが素手で盗む時に劣らない早業。一五分ほどで造花一本、財布二つ、レース二本、ブラシ二本、小袋、絹地四本を盗んだ。禁固三月」


ようするに、すでに、デパートの誕生と同時に、必要による盗みではない病理的な万引きが発生していたわけだが、これは、裏を返せば、デパートの女性誘惑戦術がそれだけ巧みだったことを物語ってはいないだろうか。欲望の喚起されないデパートでは、万引きもまた起こらないからだ。

第三章　教育装置としてのデパート

〈ボン・マルシェ〉で子供に配られた景品。リゾート地の海岸で、サンタと遊ぶ子供たちを描いた多色刷絵葉書。アッパー・ミドル階級の少年少女の1年間の日常生活を12枚のセットにして、子供の無意識に上昇志向を刷り込ませている。

ライフ・スタイルの提唱

女性の贅沢願望に火をつけることが確かにブシコーの女性誘惑戦術の第二段階だったとしても、はたしてこうしたサディスティックな「女の搾取《さくしゅ》」一本槍でどこまでも押し通すことが可能だったのだろうかという疑問は残る。

つまり、女性が贅沢品による誘惑に身をゆだねるにしても、そこに多少とも超自我が働いて罪の意識を作動させるようなことがあったのでは、売り上げはそれほどには伸びなかったのではなかろうかということである。いいかえれば、目玉商品を買うとき、これは倹約になるという言い訳ができたように、贅沢品を買う場合に、この行為を合理化できるような口実があれば、女性は安心して散財をすることができるということである。

ゾラは、この点まで洞察を深めてはいない。だが、ブシコーは、実際のところ、ちゃんとそこまで読んでいた。というのも、これこれの贅沢品を買うことは、ブルジョワジーとしての体面を保つための必要条件であるというように、ライフ・スタイルとしての買い物というものを〈ボン・マルシェ〉は提唱したからである。

こうしたライフ・スタイルの提唱は、〈ボン・マルシェ〉のカタログや暦をひもとくと、きわめて明確な形で目に入ってくる。たとえば、〈ボン・マルシェ〉が描き出す理想の一家のライフ・スタイルとは、おおむね次のようなものである。

——B夫婦はよそのサロンに招かれることも多いが、逆に自宅のサロンに人を招く回数も多い。劇場や音楽会などの社交場にはこまめに通い、ヴァカンスの季節となれば、ドーヴィルの海岸やバーデンの湯治場に出かけていく。もちろん、バドミントンやテニスなどのスポーツは大好きで、サイクリングや狩猟などもたしなんでいる。妻は、天気のよい日には、チュイルリ公園をパラソルをさして散歩することを好むが、広い別荘の庭のベンチでゆったりとしているのも嫌いではない。また冬になれば、お楽しみの仮装舞踏会が待っている。

だが、こうした理想の生活を送るには、それなりの出費が必要である。たとえば、夫婦揃って外出することが多いので、コートは二人とも一着だけというわけにはいかない。サロンの訪問用に一着、劇場や舞踏会のために一着、そして旅行用に一着という具合に。また妻のドレスも、街で着るドレスとサロンで着るドレスが同じようでは恥をかく。また冠婚葬祭用の服も絶対必要である。殿方も、勤務用のワイシャツとサロン用のワイシャツは別にしておかなくてはならない。そして、ヴァカンスやスポーツなどのカジュアルには、まったく異なった衣装が必要であることは言うまでもない。

ようするに、自らが帰属する階級の約束事をしっかりと守るためには、しかるべき身なりを整えておかなければならないということである——。

もちろん、〈ボン・マルシェ〉が提唱するようなこうしたアッパー・ミドルのライフ・スタイルは、あくまで、願望として、あるいは意識の上だけでアッパー・ミドルと思い込んでいる階層にむけてのメッセージだった。というのも、こうした理想の生活を確実に送っている階層は、実際には〈ボン・マルシェ〉で買い物などしなかったからである。

ひとことでいえば、ゾルレン（当為）としてのライフ・スタイルを設定してやることで、〈ボン・マルシェ〉は、新興中産階級が、とりわけこの階級の女性が持っていた奢侈への罪意識を取り除いてやることに成功したということになる。たとえ、贅沢な商品を買ってしまったとしても、それは、階級としての義務を果たしているのだからしかたがないというわけだ。「こだわり派のあなたに」とか「スーパー・エグゼクティブなあなたに」というコピーは、すでに〈ボン・マルシェ〉が雛形《ひながた》を作りだしていたのである。

欲望の掘り起こし

〈ボン・マルシェ〉が、アッパー・ミドルとしてのライフ・スタイルを提唱することにより、贅沢品の購入という敷居を中産階級に飛び越えさせることができたということは、とりもなおさず、そうしたライフ・スタイルに付随するすべての商品を売りつける道が開けたことを意味していた。〈ボン・マルシェ〉が、マガザン・ド・ヌヴォテ（流行品店）からグラン・マガザン（百貨店）へと飛躍できた大きな理由のひとつがここにあった。

実際、ブシコーが経営者となった一八五二年の時点で、〈ボン・マルシェ〉の取り扱い品目は絹、綿、ラシャ生地のほかには、数点の既製服があるだけだった。そして、既製服といってもケープ、ストールなど外側に羽織る品物にかぎられ、生活関連用品としてはシーツ類と小間物、それに婦人用帽子が扱われているにすぎなかったが、六〇年代に入るとマントやコートなどの大型既製服のほかに、手袋、ブラウス、ワイシャツ、ネクタイ、傘、下着、靴下が加わり、また絨毯《じゅうたん》などの生活関連用品も増加した。

そして、一八七二年の新館開店以後は、既製服の売り場が大幅に増えて、紳士用スーツ、婦人用スーツ、ドレス、子供服などもラインナップに加わったばかりか、ベッド、椅子、テーブルなどの家具、食器、台所用品、皮革製品、文房具、装身具、陶磁器、漆器、身繕《みづくろ》い用品も登場し、さらには香水、造花、旅行用品、靴、おもちゃ、キャンプ用品、スポーツ・ウエア、水着、貴金属というように、ブシコーが一八七七年に没したときには、今日、フランスのデパートで扱っているほとんどの品目が取り扱われるようになっていた。

〈ボン・マルシェ〉におけるこうした取り扱い品目の多様化に関して、まず注目しなければならないのは、必ずしも、消費者の需要に応える形で供給が生じたのではないことである。

すなわち、絹生地なら絹生地を買いにきた女性客が、たとえば手袋やマントも欲しがったから、それらを扱う売り場も設置するというようにことが運んだのではないのだ。もちろん、紳士用のスーツなど、社会的な需要増と供給増が一致して、売り場と種類が拡大していった例もある。しかし、ほとんどの場合は、むしろ、手袋やマントも置いてあったから、それも欲しくなるというように、まず、供給があって、しかるのちに需要が生まれるという形で、常に、供給の側が主導権を握って、欲望の掘り起こしがおこなわれていたのである。

関連する売り場をわざと遠くに置いて客を引きまわし、さまざまな商品を目に触れさせるという先に述べた戦術は、こうした戦略の一環に組み込まれていた。ゾラが『調査ノート』で指摘しているように、〈ボン・マルシェ〉では、漆器の売り場がホールの中央に置かれているので、「客は一点から一点に行くのに、どうしてもその前を通らざるをえなくなり、自然とそれに引き寄せられる」ことになるのである。

しかし、売り場を巡っているうちに思いがけない商品に魅惑されて衝動買いの欲望が誘発されるにしても、客は巨大なデパートのすべての売り場を見てまわるわけではないから、なんでもかんでも衝動買いをするわけではない。いいかえれば、たとえ、それが仕組まれているにしても、自然発生的な衝動買いに頼っていたのでは、おのずと限界があるということである。

〈ボン・マルシェ〉学校

では、多種多様な商品に対して、ことごとく客の欲望が誘発されるようにするにはどうすればいいのか。ここでもまた、ライフ・スタイル、しかもトータル・プランに基づくライフ・スタイルという戦略が、欲望の全面的解放の旗振り役となる。

すなわち、理想的なアッパー・ミドルの生活を隅々にいたるまで実現するには、これこれの家具や食器類を揃え、これこれのカジュアル・ウェアを身につけ、これこれのヴァカンス用品を購入しなければならないというように、具体的なライフ・スタイルを中産階級の消費者に教育してやる必要があるのだ。なぜなら、彼らはまだ何を買うべきかを知らず、しかも、それが買うことができるのも知らないからだ。消費者に、到達すべき理想と目標を教え、彼らを励ますこと、これが〈ボン・マルシェ〉の、ひいてはデパートすべての任務となる。

まさに、マイケル・B・ミラーの言うように「〈ボン・マルシェ〉は中産階級に属する人たち、あるいはそれに憧れる人たちにとって、共和主義的学校教育が果したのと同じ役割を果たすことになった」(『〈ボン・マルシェ〉、ブルジョワ文化とデパート一八六九―一九二〇』)のである。

そして、教育といえば、学校教育に年間学事暦があるように、〈ボン・マルシェ〉にも、季節セールという、大売り出し暦があったことを思い出していただきたい。すでに第一章で触れた〈ボン・マルシェ〉の年間大売り出し暦は、ある意味で典型的な教育的配慮に基づいていた。すなわち、たとえば夏物だったら、そのシーズンの流行を実際の時期よりも数ヵ月早く教育を開始し、それに答えられる生徒には真っ先に流行の最先端の商品を売ってやる。

だが、かならずしも全部が優秀な生徒ばかりではなく、反応の鈍い生徒もいるから、こうした生徒には、徐々にレベルを下げていって、最後には、どんな愚鈍な生徒にも、全員に流行の品がいきわたるようにしてやる。これを季節ごとに繰り返すが、こうした主要科目ばかりでは飽きがくるし、また情操を養うという意味からも、たまには目先を変えて、白物セールとか家具、香水セールなどの選択科目も取り入れてやらねばならない。

こうして、年を追うごとに、優秀な生徒が巣立ち、その卒業生の子弟がまた〈ボン・マルシェ〉学校に入学するというように、〈ボン・マルシェ〉学校の教育理念は広く社会に浸透していったのである。

ヴァカンス教育

こういった〈ボン・マルシェ〉教育の中で、もっとも著しい教育効果を発揮したのは、ヴァカンス、ないしはリゾートという科目だろう。

フランスにおけるヴァカンスの習慣は七月王政の頃からイギリスをまねた上層のブルジョワ階級のあいだで普及しはじめ、リゾート地としてノルマンディーの海岸がまず開発されたが、第二帝政に入ると、鉄道網が完成し、また皇帝周辺のイギリスかぶれも手伝って、ヴァカンスに海岸や湖畔に出かけるという習慣が定着した。中でも、ノルマンディーのドーヴィルとピレネーのビアリッツは、ナポレオン三世や片腕モルニー公の保養地ということで、第二帝政の成金たちが続々と別荘を建て、夏の流行の震源地となった。

ブシコーは、こうしたアッパー・ミドル階級のライフ・スタイルの変化に注目し、第三共

リゾート・ウェアと水着の大売り出しの広告。リゾートやヴァカンスの習慣は、〈ボン・マルシェ〉が、アッパー・ミドルのライフ・スタイルを提唱することによって、中産階級のあいだに定着した。到達すべき理想と目標を中産階級に教え、彼らを励ますことがデパートの任務となる。

和制体制の実質的担い手たる中産階級にも、この習慣行動（プラティック）を教えてやらなければならないと考えたのである。

すなわち、ヴァカンスをリゾート地ですごすのは、一年の疲れをいやし、心身をリラックスさせ、英気を養うのが目的であるから、服装は夫も妻も子供も軽い布地を使った軽快なカジュアル・ウェアが必要で、いくらか派手めの明るい色彩のものがよいとか、汽車の長旅に耐えるには、特別の服を用意したほうがいいとか、海岸では日差しが強いから大きめの帽子や日傘を持って行かなければならないとか、リゾート地にはそれなりの家具雑貨を揃えるべきだとか、ようするに印象派の画家たちが描き出した、あのいかにも幸福そうな明るい陽光のイメージを実現するためには、四月三十日から始まる〈ボン・マルシェ〉の夏物衣料旅行用品大売り出しに何をおいても駆けつけなければならないことを教えてやったのである。

そして、早めにリゾート・ウェアを揃えることのできなかった者には、六月にバーゲン・セールがあるから、この機会を逸しないようにと忠告することを忘れなかった。

このように、社会の上層部に何か新しい習慣行動（プラティック）が出現すると、〈ボン・マルシェ〉は自ら通俗解説者の役割を買ってでて、その規範と努力目標を中産階級に手ほどきし、本物にかぎりなく近い廉価品を取り揃えて、少しでも現実を夢に近づける手助けをしてやったのである。人間が理想の実現という錦《にしき》の御旗《みはた》には弱いことを彼は熟知していたのだ。

ステイタス・シンボルとしての子供

理想の実現といえば、主観的にはアッパー・ミドルに近づいたと思い込んでいた中産階級が、どうしても克服できないハードルが一つだけあった。子供の生活である。

ここでひとつ読者にお尋ねしたいのだが、日本では、小学生の服装だけを見て、その子が裕福な家庭の子供か貧しい家庭の子供か識別することが可能だろうか。最近は日本でも、DCブランドがあいついでアンファン（子供服）の部門を設立し始めたので、服にそのブランドの名前が刷り込んであれば、おおよその見分けがつくが、そうでなければ、まずほとんどは無理である。

ところが、フランスでは、裕福な家庭の子供と貧しい家庭の子供は、一目で区別できる。着ている服の素材、デザイン、色彩がまったく違うのだ。ためしに、裕福な家庭の多いモンソー公園やミュエット公園に足を運んでから、つぎに移民労働者の多い街区の辻公園に行ってみるといい。顔や髪の違いにもまして、遊んでいる子供の服装の違いが否応なく目に入ってくるはずだ。

十九世紀後半における状況もこれとそれほど変わらなかった。すなわち、中産階級の家庭では、父親の通勤着や晴れ着、母親の外出着や晴れ着、また夏物や家具、食器などは、〈ボン・マルシェ〉やその他のデパートのおかげで、なんとか恥ずかしくないものを揃えること

子供服大売り出しの広告。出生率が低下するにしたがって、中産階級でも子供に金をかける傾向が生まれた。妻の服装の次は、子供服がステイタス・シンボルとなり、〈ボン・マルシェ〉も子供服に力を入れた。

はできるようになったが、消耗品である子供の服については、あいかわらず、年上の子供や親類の子供のセコハン（古着）を着せるしかなく、上流階級のように、子供に誂《あつら》え品をあてがってやるような余裕はないのが実情だった。

しかし、こうした中産階級においても、徐々に家庭環境の変化によって、子供服に対する見方も変わりつつあった。その典型的なものは、第三共和制下における著しい出生率の低下である。

十九世紀の前半に医学の進歩により爆発的な増加を見たフランスの人口は、中産階級の生活レベルが向上するにしたがって、逆に頭打ちになり、とりわけ、出生率はあきらかに低下の傾向を見せ始めていた。つまり、中産階級はせいぜい一人あるいは二人しか子供を作らなくなってしまったのである。その結果、家庭内では、ちょうど現代の日本のように、一人っ子がちやほやされ、大切に育てられるという状況が生まれつつあった。

子供の夢の国

ブシコーはこの点を見逃さなかった。一八七二年の新館の開店に際して、ブシコーは子供用の既製服、たとえば女の子用のモスリンのドレスや男の子用の小さな背広などを充実させて専用の売り場を設けたばかりか、帽子、靴、コートなどの売り場にも子供服を必ず置くようにし、さらには日本の七五三に当たる聖体拝受の日の晴れ着なども廉価で用意して、一人しかいない子供の晴れの日なのだからせめて新しい服ぐらいはと願う親心を巧みにひきつけた。

それぱかりか、〈ボン・マルシェ〉が子供にとって夢の国になるように、おもちゃ売り場と文具売り場を設置するという、デパートの歴史を大きく転換するようなアイディアを思いついた。これ以後、子供たちは、親がデパートに行くといえば、「僕も（わたしも）」と必ず言うようになったのである。そして、こうして子供たちのデパート好きは、〈ボン・マルシエ〉が十二月の上旬に「新年の贈り物と本とおもちゃの大売り出し」を催すにいたって頂点に達することになる。

一九〇三年頃に配付された『ボン・マルシェ小史』に拠って、この大売り出しの様子をのぞいてみよう。


最後に、十二月には、新年の贈り物と本とおもちゃが、〈ボン・マルシエ〉の売り場のほとんどを占めることになります。この最後の大売り出しのときには、何千という子供たちと、元旦に新年の贈り物をしなければならない大人たちが〈ボン・マルシエ〉にやってきます。

すべてが新年の贈り物一色に塗りつぶされます。そして、売り上げは、どの売り場でも例外なくたいへんな額にのぼります。〈ボン・マルシエ〉で売られている品物はどんなものでも、新年の贈り物になるからです。お子様や恋人のための贈り物ばかりではなく、役に立つ贈り物もあります。家具、ブロンズ像、宝石、食器セット、銀器などは、もらってうれしいばかりか長持ちする贈り物ともなります。しかし、とりわけ、おもちゃ売り場と書籍売り場の混雑ぶりはたいへんなものです。おもちゃと名のつくものなら、ひじょうに豪華なものからとても単純なものまで、昔風のおもちゃのコレクションから最新の発明まで、どんなものでも取り揃えてあります。アイディアおもちゃは、パリの玩具工場の人たちが、知恵を絞って作りだしたできたてのほやほやで、新しい発見や出来事がさっそく取り入れられて、新発明の機械装置によって楽しい人形仕掛けになっています。

書籍売り場には、大手の出版社の美しい挿絵本の完全セットがずらりと並んでいますが、〈ボン・マルシェ〉が独自に製作した挿絵本のセットもあります。たとえば、フランスの名作を集めたセットは挿絵の巨匠によってきれいなイラストが挿入されていますが、値段は信じられないほどの安さです。レター・ペーパーのセットも同時に販売されています。カラーのもの、絵入りのもの、模様入りのものなど、いくつもの新製品が用意され、どれもとびきりセンスのよいものばかりです。

ようするに、現代のクリスマス・セールとほとんど変わらない歳末セール風景が現出したわけだが、文中にあるように、贈り物は、あくまで、クリスマスではなく新年のためのもの

ブシコーは新館の開店の際、おもちゃ売り場を開設して、デパートを子供たちの夢の国に変身させた。12月の初旬におこなわれる「新年の贈り物と本とおもちゃの大売り出し」はデパートの最大の行事のひとつとなる。

であることに注目していただきたい。

つまり、この頃（一九〇三年）には、まだフランスにはサンタクロースは存在せず、贈り物は親か親類が元旦にあげることになっていた。サンタクロースは第一次世界大戦のあと、アメリカのデパートから輸入されるのを待たなければならない。さすがのブシコーもサンタクロースまでは発明できなかったようである。

“広告”という教科書

このように、〈ボン・マルシェ〉はアッパー・ミドルに憧れる中産階級に理想のライフ・スタイルを教える教師あるいは学校の役割を果たしていたわけだが、その際、教科書として使われていたのが、〈ボン・マルシェ〉が多量にばらまいていた広告ビラ、パンフレット、手帳、カタログの類であることはいうまでもない。

すでに述べたように、マガザン・ド・ヌヴォテは、顧客層として、その出発点から不特定多数の消費者を想定していた。したがって、店の存在を知ってもらうためにも、大売り出しを知らせるためにも、広告はかなり初期の段階から、必要不可欠なものとして使われていた。しかしながら、七月王政の初期の頃までは、いかんせんマスコミというものが存在していなかったから、コマーシャルの手段としては、大通りや橋のたもとなど人が集まる場所でチラシを配るとかサンドイッチマンを雇うくらいしか手段がなかった。

ところが、一八三六年の七月一日、エミール・ド・ジラルダンという天才が、広告と新聞をドッキングさせて、予約購読料を従来の半分にした日刊紙「プレス」を創刊してから、状況が一変した。このジラルダンの「発明」に関しては、拙著『新聞王伝説――パリと世界を征服した男ジラルダン』（筑摩書房）を参照していただきたいが、とにかく、この新聞広告というものの出現によって、マガザン・ド・ヌヴォテはとてつもない武器を手にすることができるようになったのである。

とはいえ、ブシコーが広告の力をフルに活用するようになるのは、やはり一八七二年の〈ボン・マルシェ〉新館の完成を待たねばならない。というのも、〈ボン・マルシェ〉新館こそは、ブシコーが心に描いていたデパートというもののトータルなコンセプトを実現するための巨大な器だったからである。

その第一の現れは、ブシコーが〈ボン・マルシェ〉の中に、印刷所を設けた事実に見ることができる。この当時は、大手の新聞でも「プレス」を除くと、社内印刷所を持つことは至難の業だった。それが、新聞社でも出版社でもない一介のデパートが、自前の印刷所を持っていたのだから、時代の先を読むという点で、ブシコーの革新性は、まさに驚きの一語につきるが、これはもちろん、〈ボン・マルシェ〉が必要とする印刷物の量が多かったことを物語っている。

〈ボン・マルシェ〉アジャンダ

〈ボン・マルシェ〉の発行した印刷物の中で、毎週大量にパリとその周辺に新聞の折り込みとしてばらまかれていた広告ビラを除くと、第一に注目に値するのは「アジャンダ」と呼ばれる年間予定表付き手帳（家計簿）である。

アジャンダは、別名アルマナとも言われ、元来は、文字を知らない民衆層にキリスト教の行事や国家の祭事、さらには農事暦、健康法などを教えるために、絵入りで内容を示した印刷物で、どの家庭にも最低一冊は置かれていた。先にあげたジラルダンは、「プレス」創刊に先立つ一八三三年、アルマナに実用的な科学知識を盛りこんだ『アルマナ・ド・ラ・フランス』を定価一フランで出版して史上初のミリオン・セラーを記録したが、ブシコーは、このアイディアを借りて、〈ボン・マルシェ〉の年間大売り出し予定と家庭生活に必要な情報を組み込んだ「アジャンダ」を、顧客に無料で（一応定価は五十四サンチームとなってはいたが）配布することにした。

現在、手元にある一八八八年の〈ボン・マルシェ〉のアジャンダをひもといてみると、いろいろと興味深い事実が浮かび上がってくる。まず、表紙には「アジャンダ＝ビュヴァール・デュ・ボン・マルシェ、1888」という文字が刻まれ、この手帳のピンク・ページが同時にインクの吸取紙（ビュヴァール）にもなっていることを教えている。こうしておけば、手紙を書いたりするときにも重宝なので、どこかにしまいこむようなことはないわけで

AU BON MARCHÉ
Nouveautés
MAISON ARISTIDE BOUCICAUT
Le système de vendre tout à petit bénéfice et entièrement de confiance, est absolu dans les Magasins du BON MARCHÉ.
AGENDA-BUVARD
1888
VUE GÉNÉRALE DES MAGASINS DU BON MARCHÉ

〈ボン・マルシェ〉が発行していた、家計簿を兼ねた手帳「アジャンダ」の1888年版。初期のアジャンダは、ピンク・ページが吸取紙（ビュヴァール）としても使えたので「アジャンダ＝ビュヴァール」と呼ばれていた。〈ボン・マルシェ〉の強力な宣伝媒体のひとつで、これを調べると、〈ボン・マルシェ〉の商業戦略の変遷が手にとるように理解できる。

「アジャンダ」の最初におかれている、ホーム・パーティーのための招待客リストのページ（下図）。リストの上には夜会服に身を包んだ男女が楽しげに談笑している光景が描かれている（上図）。〈ボン・マルシェ〉の提唱するワン・ランク上のライフ・スタイル。

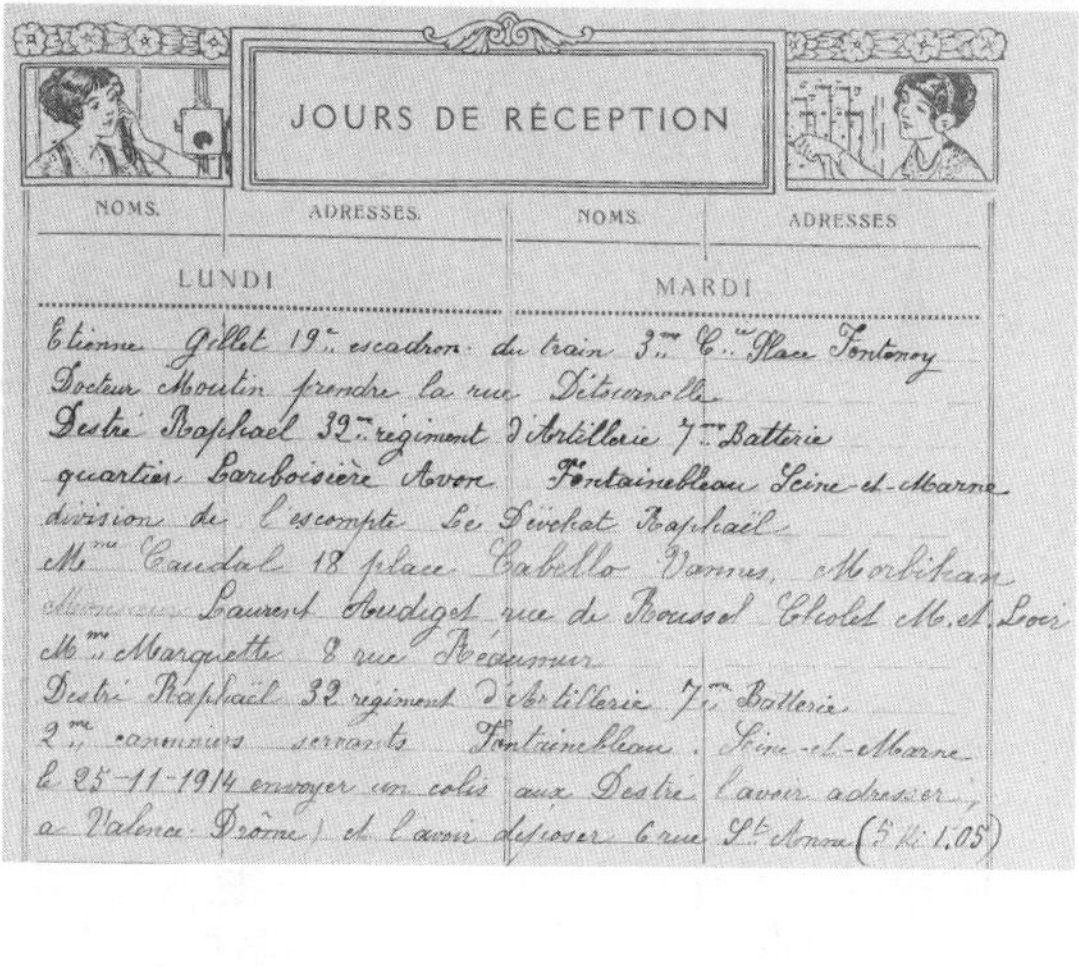

JOURS DE RÉCEPTION

NOMS.	ADRESSES.	NOMS.	ADRESSES
LUNDI		MARDI	

Etienne Gillet 19e escadron du train 3e Cie Place Fontenoy
Docteur Moutin prendre la rue Détournelle
Destré Raphael 32e régiment d'Artillerie 7e Batterie
quartier Lariboisière Avon Fontainebleau Seine-et-Marne
division de l'escompte Le Dévchat Raphaël
Mme Caudal 18 place Cabello Vannes, Morbihan
Monsieur Laurent Audiget rue de Roussel Cholet M.et Loir
Mme Marquette 8 rue Réaumur
Destré Raphaël 32 régiment d'Artillerie 7e Batterie
2me canonniers servants Fontainebleau. Seine-et-Marne
le 25-11-1914 envoyer un colis aux Destré l'avoir adresser,
a Valence Drôme) et l'avoir déposer 6 rue St Anne (5 fr 1,05)

ある。

表紙をあけると、見開きには、年間のカレンダーが守護聖人の名前とともに印刷され、扉には、〈ボン・マルシェ〉の全体図が木口木版で描かれている。さらに、最初の数ページには、パリおよび近郊から〈ボン・マルシェ〉にくるときの乗合馬車の路線番号一覧、区役所、警察署の住所、郵便物の料金、図書館、美術館、消防署の住所、株式売買の手数料などの生活に役立つ知識が掲載されているが、まあ、これは、「便利手帳」というものからわれわれが予想する範囲内の内容である。

ピンク・ページの情報戦略

しかし、さらにページをめくると、ホーム・パーティーの招待客の名前と住所を曜日別に記入するためのリストという意外な要素が目に入ってくる。一覧表の上には、夜会服に身をくるんだ男女が楽しげに談笑している光景が描かれている。この記号を解読すれば、〈ボン・マルシェ〉の提唱するワン・ランク上のライフ・スタイルを実践するには、すくなくとも週の何日かは、曜日を決めてホーム・パーティーを開かなければならないので、夜会服は何通りか揃えておくべきだということになるだろう。もちろん、食器のフルセットがあれば、これにこしたことはない。

そして、つぎのページを開くと、〈ボン・マルシェ〉の年間売り出し予定表が掲げられている。従来のアルマナなら、ここに宗教行事や農事暦が登場するはずのところである。つまり、一年の季節は、常に〈ボン・マルシェ〉の大売り出しとバーゲン・セールによって区切られるということである。この大売り出しとバーゲン・セールの日付は、一ページを四日分に振り分けた予定表でも何度も執拗《しつよう》に繰り返されている。

たとえば、一月二日月曜の欄には「来週の月曜、ドレス生地、端切れ、既製服の大幅値下げセール」という予告が出ているが、ページをめくると今度はピンク色のページ全面を潰して同じ文句が大きな見出しでうたわれ、次ページの一月九日月曜の欄でももちろん「本日、ドレス生地、端切れ、既製服の大幅値下げセール」と繰り返されて、消費者がこのお買い得なバーゲン・セールの日付を忘れないように万全の配慮が払われている。そして、ピンク・ページの裏には、〈ボン・マルシェ〉の取り扱い商品と売り場番号がしるされている。

以下、こうした感じで、予定表の白ページと情報を盛ったピンク・ページが交互に続くが、ピンク・ページには、売り出し広告のほか、〈ボン・マルシェ〉での買い物風景を描いたグレヴァンの漫画、〈ボン・マルシェ〉の壮麗なファサードや大ホールの絵、〈ボン・マルシェ〉の鳥瞰図《ちょうかんず》といった、消費者に〈ボン・マルシェ〉のイメージを強烈に印象づけるためのイコンが続く。鳥瞰図では、前景に巨大な〈ボン・マルシェ〉の威容《いよう》が描かれ、後景に、未完成のエッフェル塔がはるかに小さく霞《かす》んで見える（六六―六七ページ図版参照）。

こうしたイメージ広告の中で興味深いのは、パリ近郊への配達網を描いた地図である。すなわちパリの部分には〈ボン・マルシェ〉の絵がすっぽりはめ込まれ、「パリとはすなわち〈ボン・マルシェ〉のことである」というメッセージが伝達されている。

アッパー・ミドルをめざせ

また、こうした〈ボン・マルシェ〉を前面に押し出したストレートな広告ページとは別に、夏場には、パリ近郊の別荘地帯の雰囲気と歴史を紹介した教養記事、冬場にはオペラ座を始めとする主要な劇場の座席配置図がピンク・ページに登場しているが、これを記号論的に読み取れば「〈ボン・マルシェ〉でお買い物をなさるようなお客様は、当然こうしたリゾートやカルチャーに関心をお持ちのはず」ということになる。

おそらく、モーパッサンの短編に描かれたような、安サラリーにもかかわらず体面だけは繕おうとしていたプチ・ブルジョワたちは、バーゲン・セールのときに〈ボン・マルシェ〉でもらったこの「アジャンダ」に家計簿をつけながら、ピンク・ページが演出するこうしたワン・ランク上の生活を眺めているうちに半分くらいは自分がアッパー・ミドルになったような錯覚をいだいていたことだろう。

ところで、当時は、ブルジョワ家庭ではどんな貧しい所帯でもたいてい料理女中がいて、食料品の買い物はこの女中が受け持つことになっていたので、〈ボン・マルシェ〉には当然、食料品売り場はなかったが（いまでもフランスのデパートでは食料品は付属のスーパー

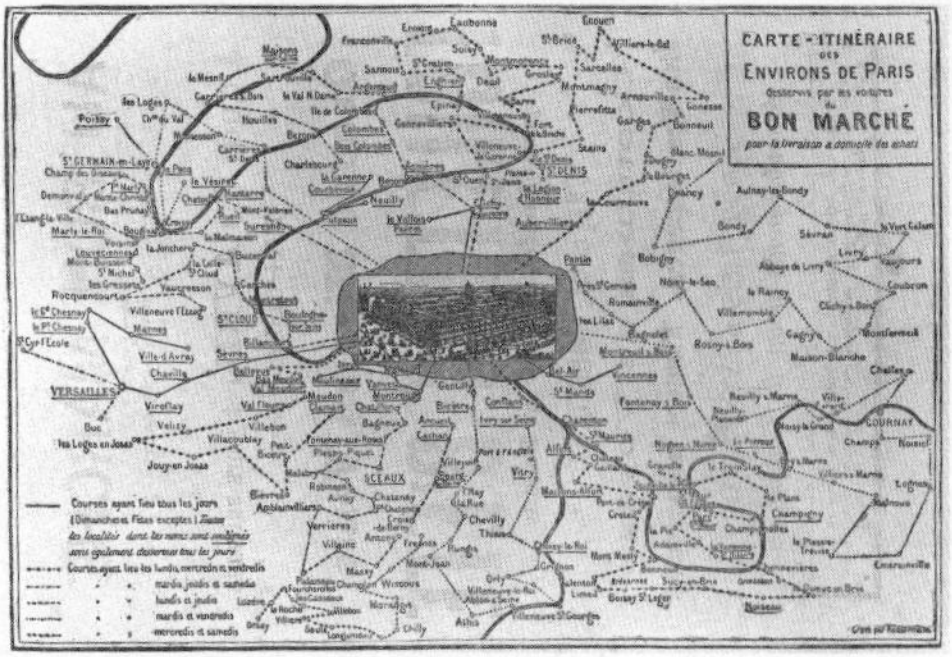

1888年度版の「アジャンダ」のピンク・ページにあるパリ近郊への配達網。パリの部分には〈ボン・マルシェ〉の絵がすっぽりとはめ込まれ、「パリとはすなわち〈ボン・マルシェ〉のことである」というメッセージを伝えている。

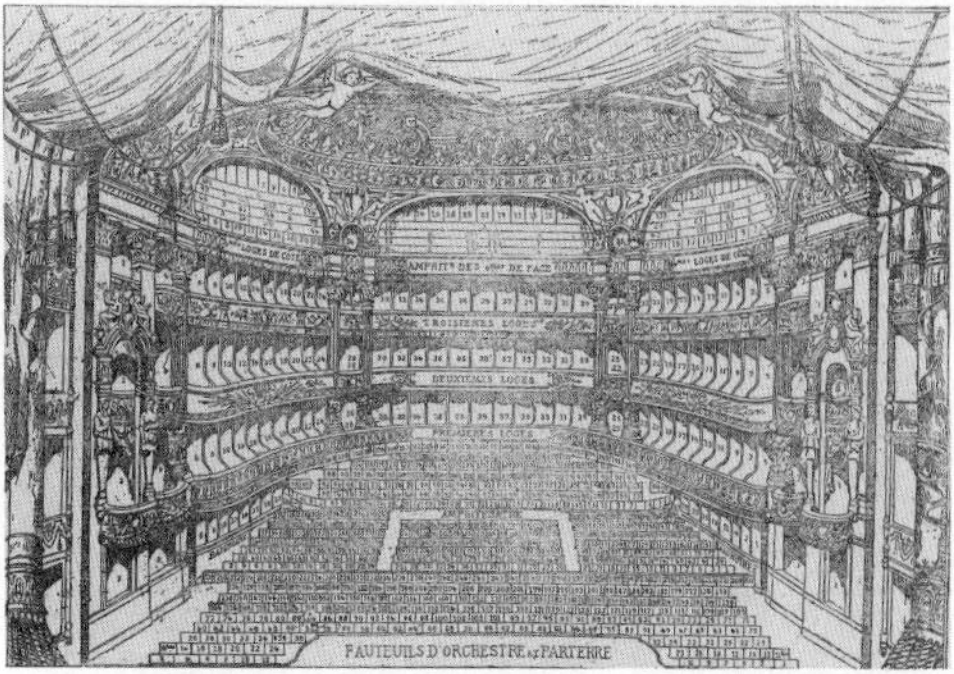

同じく1888年度版の「アジャンダ」に差し挟まれたオペラ座の座席配置図。〈ボン・マルシェ〉の提唱するライフ・スタイルにしたがえば、冬はオペラ座に観劇に行くことはブルジョワとしての義務であるので、夜会服はぜひとも誂えておかなければならないということになる。

でしか扱っていない）、「アジャンダ」には、不思議なことに今月の料理というページがあってルセット（料理法）が書かれている。もちろん、その料理に合わせるべき葡萄《ぶどう》酒がこと細かに指示されている。

私は料理のことはよくわからないのだが、その材料の高級さから判断して、おそらくは、これも、実際に「アジャンダ」を使っていた中産階級の家庭の日常的な食事よりもワン・ランクもツー・ランクも上の料理なのではあるまいか。そして、例によって記号論的には、「こうした食事には、それにふさわしい銀器と食器とテーブル・クロスを〈ボン・マルシエ〉でお求めください」というメッセージがこめられている。

ようするに、「アジャンダ」には、全編を通じて、「アッパー・ミドルたらんとする消費者は、すべての面で〈ボン・マルシエ〉を利用することによって、その理想を実現しなさい」という教育的な命令が、現代のコマーシャル戦略も顔負けの巧みさですべりこませてあるのである。

景品による子供の教育

このように、「アジャンダ」は、それを利用する中産階級の主婦の無意識に「より良き生活＝〈ボン・マルシエ〉での買い物」という命令を刷り込んでいったが、こうした刷り込みは、〈ボン・マルシエ〉にやってくるもう一人の家庭の成員つまり子供に対しても、徹底的

〈ボン・マルシェ〉の景品として、子供に無料で配られた多色刷絵葉書。76年ぶりに地球を訪れたハレー彗星が、新しくできた地球の「驚異」を見るために〈ボン・マルシェ〉の上空に現れたという筋書。

におこなわれた。

すなわち、まず、母親に連れられて〈ボン・マルシェ〉にやってきた子供には無料で多色刷絵葉書が配られたが、その絵葉書は、〈ボン・マルシェ〉の壮麗な外観と豪華絢爛たる内部装飾を描いたもののほか、いかにも裕福そうな少年少女が〈ボン・マルシェ〉で買い物をしている図や、彼らが母親と一緒に腕に〈ボン・マルシエ〉の買い物袋をぶらさげて乗合馬車に乗っている光景のものもあった。また、お伽話仕立てで、ラクダに乗ったキャラバンが〈ボン・マルシェ〉のおもちゃを運んで砂漠を横切っているとか、七十六年ぶりに地球を訪れたハレー彗星が新しくできた地球の「驚異」を見るため〈ボン・マルシェ〉の上空に現れたといった絵柄のものもあった。

そして、これらの絵葉書は、たとえばパリの名所旧跡シリーズとか、少年少女の日常生活シリーズ、お伽話シリーズなど十二枚セットの一部をなしていて、毎月〈ボン・マルシェ〉にやってくる子供は、これで完璧なコレクションを作ることができるように工夫されていた。

つまり、このコレクションすべてを眺めている子供の無意識に、「〈ボン・マルシェ〉は世界中の人に自慢できるパリの記念建造物のひとつだ」とか「〈ボン・マルシェ〉で買い物している家の子供は、夏にはドーヴィルに出かけたり、冬にはスケートを楽しんだりしてとても幸せだ」というメッセージが刷り込まれるような具合にあらかじめ仕組まれていたのである。

当時は、カラー印刷の絵本などもあまりなかった時代であるから、こうしたコマーシャルは、さぞや強力な効果を発揮したことだろう。子供をだしに使うだけではなく、子供は未来の大人だという観点から、その無意識をすべて〈ボン・マルシェ〉へと誘導していく、これを「教育」と言わずしてなんであろうか。

新聞記事の活用

ところで、こうした直接間接の広告のほかに、〈ボン・マルシェ〉は、広告と自ら名乗っていない広告、つまりレポートと称する提灯《ちょうちん》持ちの宣伝記事を存分に活用する術《すべ》を心得ていた。

たとえば、一八七二年三月二十三日付の週刊絵入り新聞「モンド・イリュストレ」には、新装開店した〈ボン・マルシェ〉の豪華なファサードを描いた絵とともに、〈ボン・マルシェ〉が新装開店にこぎつけるまでのいきさつが書かれているが、実はこの記事、同じ日付のもう一つの週刊絵入り新聞「イリュストラシオン」に載った〈ボン・マルシェ〉のレポートと一字一句違わぬものなのである。同じように、これから一週間後の一八七二年三月三十日付の「モンド・イリュストレ」にも、今度は店内の様子をレポートした記事が載るが、こちらも同日付の「イリュストラシオン」とまったく同じである。

ここから導きえる結論はただひとつ、記事は〈ボン・マルシェ〉の側で用意したものを二つの新聞に「配信」したにすぎないということである。こうした馴《な》れ合いの宣伝記事をフランス語ではレクラムというが、ブシコーは、たとえそれがレクラムであろうとも消費者は純然たる広告よりはレポート記事のほうを信用することを承知していた。いいかえれば、新聞記事に書かれていることは「すべて真実だ」と見なす心の枠組が読者の中に作られていることをブシコーは知悉《ちしつ》していたのである。

そして、次には、こうした心理を逆の形で利用して、〈ボン・マルシェ〉のパンフレットやアジャンダに「モンド・イリュストレ」「イリュストラシオン」よりの「転載」と銘打って、自らが書いたにすぎないレポート記事を載せ、全マスコミが〈ボン・マルシェ〉の新装開店に注目していると消費者に思い込ませた。現在では、大なり小なり、企業とマスコミはこうした宣伝手法を活用しているが、もとはといえば、いまから百二十年も前に、これまたブシコーが「発明した」手段にすぎないのだ。

万国博の利用

このほか、〈ボン・マルシェ〉がその名前を消費者の記憶にとどめるために駆使した方法は、配達用の馬車に〈ボン・マルシェ〉と大きくネームを入れるといった初歩的なものから、パリ中の壁に大売り出しの壁面広告を張り出すとか、パリの地図や万国博覧会のパンフレットを〈ボン・マルシェ〉で作って無料で配布するといった、今日でもいくつかのデパートが活用している宣伝方法まで実にさまざまだが、ひとつだけ注目しておきたいのは、デパートの分身とも言える万国博覧会に〈ボン・マルシェ〉は積極的に参加して、その商品を展示したことである。もちろん、主な狙いはこの機会を利用して世界中の人に〈ボン・マルシエ〉の名前を知ってもらうことだったが、もうひとつ万国博覧会のコンクールで入賞を果たすことも大きな目的だった。

たとえば、一八七八年のパリ万国博覧会で「ガン・ブシコー」と名付けた手袋《ガン》が金メダルを受賞すると、さっそくこのニュースを、毎年二月におこなう「皮手袋・レース・造花・羽毛・香水大売り出し」で利用し、大きな宣伝効果を発揮した。さらに、一九〇〇年のパリ万

1900年のパリ万国博覧会の「ボン・マルシェ館」。ヴェルサイユ宮殿のプチ・トリアノンを模したものだが、パヴィリオンを独自に建設したのは、万国博を訪れる観光客に〈ボン・マルシェ〉の名前を記憶させるためだった。

国博覧会では、「ボン・マルシェ館」というパヴィリオンを独自に建設して、〈ボン・マルシェ〉がパリで最高のデパートであることを世界中の人々に誇示した。

もっとも、そのパヴィリオンは、ヴェルサイユ宮殿でマリー・アントワネットが自分のために大改装させたプチ・トリアノンの複製で、商品宣伝という観点からはせいぜい〈ボン・マルシェ〉のカーテンや絨毯や壁紙はこうしたロココ風の建物でもマッチしますという程度の効果しかなかったが、重要なのは、万国博覧会を訪れた観客が、〈ルーヴル〉でも〈プランタン〉でもなく〈ボン・マルシエ〉という名を記憶にとどめておいてくれることだから、「ボン・マルシェ館」

というパヴィリオンの存在だけでも充分に宣伝効果はあがっていたのである。

現在でも、博覧会といえば、かならず〇〇デパート館というパヴィリオンが一つや二つはあるぐらいだから、ここでも〈ボン・マルシェ〉の路線はしっかりと受け継がれていることになる。

読書室による集客戦術

「お買い物なさらなくとも、ご覧になっていただくだけでけっこうです。ついでの折にぜひお立ち寄りください」

結局のところ〈ボン・マルシェ〉の集客戦術は、たとえ買う気がない客でも、とにかく店に呼んでしまえという、右のような原則に基づいていたが、ブシコーは、一八七二年に新館を開店させたとき、この原則をさらに一歩推し進め、デパート内に、待合室を兼ねた読書室を設けるという、およそ並の商人では思いもつかない独創的なアイディアを打ち出した。

この読書室は二階に設置され、そこで新聞や雑誌を読んだり、備え付けの便箋で手紙を書いたりすることができるようになっていた。例によって、ゾラの『調査ノート』を見てみよう。

読書をしたり手紙を書くための大広間。中央に、緑のフランネルを敷いた大きなテーブ

〈ボン・マルシェ〉新館にあらたに設けられた読書室。新聞や雑誌が常備され、待ち合わせや休憩にも使われた。のちに、現代画家の油絵を無料で展示するギャラリーとしても使われ、文化戦略のかなめとなった。

ル。〈ボン・マルシェ〉のイニシャルの入った便箋と封筒、それにインクとペン。ありとあらゆる新聞と雑誌が備え付けられ、そのバック・ナンバーはキャビネットに入れられている。大広間の両端には、巨大な暖炉。四方は柱廊に囲まれている。その半円のアーチは、上のほうで、三階の床と回廊を作り、吹き抜けの天井は、壁画と金泥で豪華に飾られている。壁には、油絵が掛かっているが、みな凡庸《ぼんよう》である。暖炉の上にはとてつもなく大きい柱時計が据《す》えられ、ブシコーの胸像が置かれている。柱の間から、むこう側の売り場のスカートやレースなどの商品が見える。隣の香水売り場からは匂いが漂ってくる。子供たちが遊んだり走りまわったりしている。係員が子供たちに静かにするようにと命じる。亭主や年配の婦人が、買い物をしている連れの女客を待っている。通りがかりの人が新聞を読みに立ち寄ることもある。夕方になって灯がともる頃になると、われを忘れて読書に熱中している人にお引き取りを願わなくてはならない。

ゾラも指摘しているように、この読書室は、買い物に疲れた女性客が休憩したり、あるいは連れ(夫や母親)や子供を待たせておくのに使われていた。

元来、女性客というのは、なぜか、デパートに行くのには二人連れを好むくせに、買い物は一人でしたがるものなので、連れをその間待たせておける場所があるというのは、まさに願ってもないことなのである。それは亭主のほうでも同じことで、たとえば私のように、デパートは大好きだけれど、連れの買い物に長時間つきあうのは御免こうむりたいと思っている人間は、日本のデパートにもこうした場所があってくれたらどれほど気楽だろうと思うのだが、読者諸氏はいかにお考えだろうか。

最近では、日本のデパートでも、託児所を設けて、その間母親に存分に買い物をしてきてもらうところも現れているので、その延長として、ひとつ、託夫所というのも検討してはいかがだろう。

ところで、ゾラは『ボヌール・デ・ダム百貨店』の中で、この読書室が、恋人たちの待ち合わせ場所や、人妻と愛人の密会の場所となっていたことを書きとめている。確かに、デパートなら、若い娘や人妻がなんの疑いも持たれずに出かけられる場所であることは確かだ。しかし、当然そこには、女友達もたくさんきているはずなので、ランデヴーの現場を見られたりする危険もあったのではないか。

事実、〈ボヌール・デ・ダム〉の読書室で待ち合わせしたギバル夫人とその愛人のド・ボーヴ氏は、ともに偶然出会った友人を振り切るのに苦労する。それでもド・ボーヴ氏は、思いがけぬところで出会ったというふりをして、ギバル夫人に近づき、そっと密会のホテルの住所を手渡す。それを見ていたムーレは、にっこりとほほ笑んでこう言う。

「あの御婦人たちは、デパートにいるんじゃなくて、自分の家にでもいると思っているようだな」

実は、これこそが、ムーレ（＝ブシコー）の狙いだった。女性客から、「買い物をする」という「よそ行き」の心の構えを取り除いて、気楽な気持ちでデパートにやってこさせること、さらに言えば「ただで、デパートを利用してやれ」という下心を持った女性客をも来店させること、ブシコーはこうした戦略のもとにさらなる高等戦術を展開する。

文化戦略の始まり

その一つは、一八七五年に第二期工事を完成したとき、同じく二階に現代作家の絵画と彫刻を展示するギャラリーを設けたことである。その目的は『ボン・マルシェ小史』によると次のようなことだった。

画家と彫刻家は無料で自分たちの絵画と彫刻を展示することができ、お客様の気に入れば、買い上げてもらうこともできます。おまけに、店のほうでも芸術的な装飾になるというわけです。

このギャラリーはのちに読書室とひとつに合体され、長さ二十メートル、幅八メートルというルーヴル美術館なみの壮大な大広間となった。ゾラが描写していたのは、この大広間の様子である。もっとも、ゾラの指摘しているように、展示されていた作品は、凡庸なものが多かったようだが、〈ボン・マルシェ〉にしても、顧客のプチ・ブルジョワの女性にしても、ようするに本物の絵画や彫刻にじかに接することができるという文化的な香りがあればそれでよかったので、作品の質は二の次だった。

現代とは多少ニュアンスが違っているにしても、客寄せの文化戦略としてギャラリーや美術館を設ける日本のデパートのアイディアも、元はといえばブシコーの発案だったのである。

しかし、ブシコーが打ち出した文化戦略の極《きわ》めつきは、〈ボン・マルシェ〉の大ホールを一瞬のうちに音楽ホールに変身させておこなう、クラシック・コンサートだった。

従業員によるクラシック・コンサート

一八七三年、ブシコーは、従業員の情操教育も兼ねて、閉店後に、大ホールでクラシック・コンサートをおこなうことを思いついた。といっても、そのオーケストラはすべて〈ボン・マルシェ〉の従業員のミュージシャンからなっていた。

当時、デパートの従業員は、給料こそ他の職業に比べて高かったが、まだ社会的地位は低く、教養面でのレベルは、昔、扱う綿生地からの連想で「キャラコ」と呼ばれて馬鹿にされていた頃とさほど変わりはなかった。そこで、ブシコーは上流階級の洗練されたエレガンスを学ばせるためにはクラシック音楽が最上と判断し、従業員の有志にオーケストラを組織させることにした。

楽器は無料で貸与し、講師は〈ボン・マルシェ〉の負担で外部から一流の音楽家を招き、従業員にレッスンを受けさせた。その結果、特訓のかいもあって、オーケストラの腕もあがったので、ブシコーは、閉店後、ホールから売り台やカウンターを撤去させ、ここで、クラシックのコンサートを開催することにしたのである。しかし、なにしろ大ホールはオペラ座なみに巨大なので、全従業員を収容してもなお余地がある。おまけに客の中には、この話を聞き及んで、ぜひ自分もコンサートに招待してくれといってくるものもいる。それならいっそ、〈ボン・マルシェ〉の客にもコンサートを公開してはどうか。

かくして、コンサートの日程が決まると、特別な顧客に招待状が郵送され、本物のクラシック・コンサートにまけない準備が整えられた。

いっぽう、このコンサートは客にとっても、きわめて魅力的なものと映っていた。なにせ、多少生活程度は上がっていたとはいえ、まだレコードもない時代のことである。〈ボン・マルシェ〉のバーゲン・セールを目当てにするような中産階級の客にとって、とりわけこの階級の女性にとって、クラシックのコンサートの会場に足を運ぶなどということは、まだまだ夢のような話だったに違いない。自分たちはアッパー・ミドルだと思い込むことので

〈ボン・マルシェ〉名物の従業員オーケストラによる野外コンサート。この入場無料のコンサートは、顧客にも開放され、クラシック音楽という上流階級のステイタス・シンボルを中流階級にも手の届くものにすると同時に、〈ボン・マルシェ〉の従業員の社会的地位を向上させるのにも役立った。

きるような服装は〈ボン・マルシェ〉で整えればいいが、その階級のステイタス・シンボルであるクラシック音楽までは手にいれることができない。

だから、〈ボン・マルシェ〉でたくさん買い物をして、コンサートの招待状を受け取ったときの女性客の喜びはいかばかりだったか。かくして、女性客の目に、〈ボン・マルシェ〉は一挙に文化の殿堂の高みにまで上ることとなったのである。

マイケル・ミラーはこのクラシック・コンサートについて鋭い指摘をおこなっている。

もともと自分のデパートを劇場やオペラや夢の国として提示する傾向の強かったブシコーは、これによって究極の効果を見いだした。いっぽうにはスペクタクルと気晴らしの世界があり、もういっぽうには消費の世界があるが、コンサートのあいだじゅう、この二つの世界は実際にわかちがたく結びつくことになったのである。(『〈ボン・マルシェ〉、ブルジョワ文化とデパート一八六九―一九二〇』)

このように、ブシコーは、クラシック・コンサートという魔法のタクトをひと振りすることで、店員を洗練された趣味の従業員に変えると同時に、中産階級の客にいっそう強烈な上昇志向を植えつけることに見事に成功したわけだが、〈ボン・マルシェ〉のクラシック・コンサートは、いってみれば、中産階級が買えるように価格を下げたクラシック音楽つ゛品だった。だが、たとえバーゲン・セールの衣料品でもそれによって火がついた中産の購買願望が歯止めをうしなったように、いったんクラシック・コンサートで上流階級のテイストを覚えた彼らの文化的上昇願望がとどまるところを知らなくなる日はそれほど遠くはない。そして、もちろんこの二つの願望がたがいに相手をリードしあう中から、高度消費社会が生みだされてくることになるのである。

　クラシック・コンサートはその後も継続的に催され、また夏場には〈ボン・マルシェ〉の前の公園で野外コンサートが開かれるようになった。この野外コンサートは入場自由で、プログラムはレジや読書室で無料配布された。一八八〇年代には、オペラ座のスター歌手が招待され、コンサートの評判をいっそう高めた。

〝下部構造〟への配慮——サニタリー・スペースの充実

　ところで、話はいきなり現実的な次元に立ち戻るが、現代の日本のデパートで、買い物以外の目的でやってくる女性客がまずめざす場所といえば、おそらく、トイレと喫茶室が一、二位を占めるのではなかろうか。それどころか、デパートをトイレという関与性《ペルティナンス》（関心のある側面）でしか見ずに、いわば巨大なトイレだと考えている人間だって世の中には結構いるのである。実は、ブシコーは新館の設計の際、この点も抜かりなく計算にいれていた。

　一般に、第二帝政から第三共和制にかけての建築は、壮麗なファサードと豪華絢爛たる内装といった美学的な面には力をいれるが、それとは裏腹に生活の快適さについてはまったく無関心であるという特徴を持っていた。とくにサニタリー・スペース、つまりトイレと洗面所に関しては、なぜかほとんど関心が払われておらず、見つけにくい場所に、あまり清潔とはいえない小さな空間が用意されているのが普通だった。これは、公共建築についてもまったく同じで、オペラ座も、パリ市庁舎も、驚くほどわずかのトイレしか用意されていなかった。

ところが、〈ボン・マルシェ〉は、このサニタリーの部分に、とりわけ女性用のサニタリーに当時としては例外的に力を入れ、読書室の大広間から、ガラス張り天井の明るい廊下を通って清潔な洗面所とトイレに行けるような工夫がなされていた。〈ボン・マルシェ〉がこのサニタリー・ルームを女性客を引き寄せる大きな材料にしていたことは、〈ボン・マルシエ〉自身が原稿を作ったとおぼしき例の「モンド・イリュストレ」(一八七二年三月三十日付)の新館紹介記事にこんな意味深長な記述があることからもあきらかである。

> ついでながら、(このたびの新館には)厳密に御婦人方のためにのみ用意された小さなかわいらしいサン・ルームがあることを指摘しておこう。

いまでもパリにはその傾向が残っているが、十九世紀には、女性が町中で利用できなトイレといったらほとんど皆無に等しかったから、〈ボン・マルシェ〉の清潔なサニタリー・スペースは女性客にとってはまさに砂漠のオアシスに等しいものと感じられていたに違いない。あるいは、買い物よりも、こちらの利用が目的で〈ボン・マルシェ〉に立ち寄る女性客もすくなくなかったのではないか。

ブシコーの女性誘惑術を分析するのに、視覚面や精神分析的な側面を強調するのもいいが、〈ボン・マルシェ〉が圧倒的に女性に支持された原因はあんがいこんなところにあったのかもしれない。なにごとも、下部構造を馬鹿にしてはいけないのだ。

無料のビュッフェ

利用客の消化器関係からのアプローチといえば、もうひとつ忘れてはならないのは、〈ボン・マルシェ〉の新館には、無料のビュッフェが設けられていたことである。

これは私にかぎったことではないと思うのだが、デパートで長いあいだ買い物をしていると、不思議なことにやたらに喉《のど》が渇《かわ》く。しかも、その喉の渇きは、かなり激しいので、多量の液体を摂取しなければおさまりそうもない。ところが、デパート内の喫茶ルームというのは、最近高級志向なのでどこもけっこう高い。そこで、なんとか安い飲物はないものかと地下の食料品売り場まで降りていくと、たいていどこのデパートにも、まさにお誂え向きという感じで、牛乳売り場がある。

かくして、売り子さんに紙蓋を開けてもらうのももどかしく、牛乳なりリンゴ・ジュースなりをグビグビと一気に飲み干すわけだが、考えてみれば、このトレンディーな御時世で、いまどき、ビン入りの牛乳やリンゴ・ジュースといった古風な飲物をずらりと並べている場所もそうは多くはないはずだ。してみると、私とまったく同じ反応を示してデパートの地下売り場まで降りてくる人間がかなりいるということになる。

おそらく、デパート側はたぶんそこまで読んで、牛乳売り場という古典的な売り場をはずさないようにしているのだろうが、もしかすると喉の渇きは古今東西を問わずデパートで買い物をしたときに発生する特有の現象なのかもしれない。

ブシコーが、わざわざ商品の売り場を減らしてまでビュッフェを設けた理由もまさにここにあった。つまり、ブシコーは、長年の経験から、買い物客はデパートに長時間いるとかならず渇きを覚えるという生理反応を考慮に入れて、無料のビュッフェをつくって冷たい飲物をサービスするという画期的なアイディアを思いついたのである。もちろん、このビュッフェだけを利用しにくる客もいたが、それも計算のうちに入っていた。いや、とにかく〈ボン・マルシェ〉まで足を運ばせるのが集客戦略のかなめなのだから、そうした魂胆の客も大歓迎だったのである。

一九二四年にJ・E・ラブルールの素晴らしい銅版画を添えて出版されたJ・ヴァルミーベイスの『デパートの情景』を開くと、〈ボン・マルシェ〉の無料喫茶室はこんな

〈ボン・マルシェ〉の２階に設けられたゴージャスなレストラン＝サロン・ド・テ。最初、ここは無料のビュッフェで、喉が渇いた買い物客にシロップやワインをサービスしていた。下は、同じく〈ボン・マルシェ〉の中に設けられた旅行代理店。1920年代には、ヴァカンスに南フランスや外国のリゾート地に旅行に出ることはたんなる夢ではなくなっていた。

描かれている。

昔は〈ボン・マルシェ〉の階段を上り、列をつくって待っていると、「バーテンダー」がグラスを渡し、ついで、「注ぎ係」の人がスグリやザクロやハタンキョウのシロップを一滴たらして「お水はお好きなように、マダム」と言ってくれたものである。

ゾラの『調査ノート』によれば、ビュッフェは、読書室のとなりにあり、サニタリー・スペースと同じように、ガラスの天窓の廊下を通って行けるようになっていた。シロップのほかに、ボルドー・ワインやマデイラ酒も無料でサービスしてくれたという。部屋の両端には、水飲み用の銀製の噴水があり、シロップにここで好きな分量の水を加えることができた。

大売り出しの日などは、大変な混みようで、劇場でやるように赤いビロードの紐を張って、列を作らせた。シロップはとくに子供には大人気で、ひとりで何杯もお代わりをしてお腹をこわす子もいた。ケーキやビスケットも置いてあったが、こちらは有料だった。

だが、客の上昇志向が次第に鮮明になってくると、この無料ビュッフェは廃止され、かわってゴージャスな雰囲気のティー・ルーム兼レストランが登場した。一九三一年の植民地博覧会のときに〈ボン・マルシェ〉が発行したガイド書には「当店のレストラン＝サロド・テの豪華な大広間は、パリでもっとも美しく、もっとも広いものです」と書かれ、る。もっとも、私が一九八五年に訪れたときには、昔日の面影はなく、日本の二流デパートのお好み食堂風のさえないレストランになってしまっていたのは残念。

カタログによる通信販売

このように、ブシコーは、買い物客を〈ボン・マルシエ〉にひきつけるためにありとあらゆる方法を考えだしたわけだが、いくら乗合馬車の路線網が整備されたとはいえ、一歩パリを出てしまえば、その不便さは現在とは比べものにならず、〈ボン・マルシエ〉の大売り出しにやってきたくとも思うにまかせないという客もすくなくなかった。それどころか、〈ボン・マルシエ〉の評判は、地方ばかりか外国にまで鳴り響いていたので、こうした顧客の要望に応える方法を見つける必要は日々切実なものとなっていた。

そこで考え出されたのが、カタログによる通信販売という手段である。ただ、この販売方法自体は、〈ボン・マルシエ〉が実行する以前から、一部のマガザン・ド・ヌヴォテでおこなわれていた。だが、〈ボン・マルシエ〉ほど徹底した、しかも合理的なシステムでこれを追求した店はなかった。まず、他店の追随をゆるさなかったのは、すべての商品のイラストの入ったその分厚いカタログである。

〈ボン・マルシェ〉はカタログによる通信販売を積極的に推し進め、ヨーロッパのみならず北米や南米からも注文を受けていた。到着した購入申込書は、机の両側にすわった係員によって封が切られると同時に読み上げられて帳簿に記載され、その日のうちに発送された。

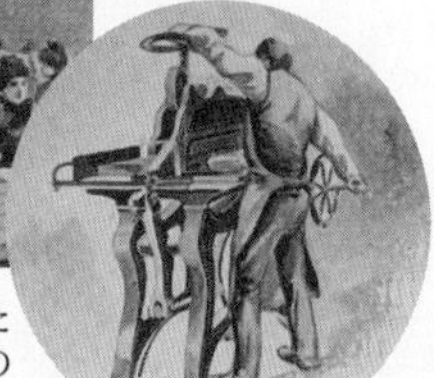

カタログの布地には、機械で細かく裁断した生地見本が添えられていた。右図は見本用の布地を裁断しているところ、左図は見本を女子工員がカタログに張りつけている光景。

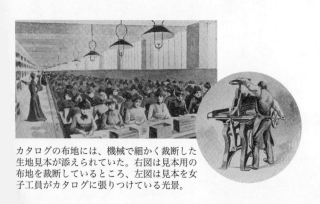

上図は〈ボン・マルシェ〉から配達に出動する自動車の群れ。〈ボン・マルシェ〉は自動車が実用化すると、馬車に代えていちはやく配達用に採用した。右図は外国からの注文を処理する通信販売部。オセアニアという看板が見える。

このカタログはパリでもるいは地方や外国でも、お客さまのご請求がありしだいいつでもお送りしているものです。豊富なイラストが入り、しばしばとても分厚くなることがありますが、たいへんに見やすく、〈ボン・マルシェ〉で販売しているすべての商品が、詳しい内容説明、サイズ、価格とともに掲載されています。(『ボン・マルシェ小史』)

カタログの郵送はもちろん無料で、総カタログのほか、売り場別、あるいは大売り出しのカタログもあった。一八九四年の冬シーズンだけでも、百五十万部のカタログが発送された。内訳は地方が七十四万部、国外が二十六万部で残りの五十万部がパリと近郊である。これは、現代の通信販売のカタログ部数と比べて多いのかすくないのかはっきりとはわからないが、この数字だけをとってもすごい数だと言わざるをえない。

総売り上げを上まわる通販の伸び率

ところで、いくら細密なイラストをほどこしたり、描写を巧みにおこなっても、商品によっては内容を正しく伝えられないものもある。〈ボン・マルシェ〉の主力商品である布地がその典型である。そこで、ブシコーは、新館の開店以後は、カタログに布地の見本をつけることにした。

機械が、〈ボン・マルシェ〉で販売しているすべての布地をまず細い帯状に切り、ついでこれを小さな正方形に裁断します。二百人の娘さんがこの正方形の布地をあらかじめ用意された用紙に貼り付けます。そして、この何千という見本をカタログに挿入し、最後に、請求のあったお客様全員に、一日の遅れもなく発送します。(前掲書)

布地見本はカタログに載っていないものでも、個別に請求することができた。ただ、八八年の「アジャンダ」に書かれているカタログ販売の手引によると、こうした別個の請求はいっこうにかまわないが、当面必要なものだけにとどめるように要請がなされている。それは、見本を送った時期と、購入希望の時期にずれがあると、布地がすでに売り切れになっていることがあるからだと説明されている。たしかにもっともな言い分ではある。

カタログを見て、購入する商品が決まった消費者は、カタログに添付された注文書に希望の商品名と住所氏名を記入したうえ、値札のついた生地見本を添えて送り返すことになっていた。

この手紙が〈ボン・マルシェ〉に到着すると、封書を切る専門の係の者がいて、次々に何千という注文の手紙を開けていく。ついで、読み上げ係の者が注文書を読み上げながらこれをカテゴリー別に分類し、当該売り場にまわす。売り場は商品と注文書が一致しているのを確認して次に梱包《こんぽう》係にまわす。ついで、商品はそこから、方面別の駅に発送する荷物をあずかる倉庫に送られる。

郵送料は、注文代金のトータルが二十五フランを越えるものは、フランス国内、ドイツ、スイス、イタリア、オランダ、アルザス゠ロレーヌにかぎり無料、それ以外の国は実費が請求された。ただし、家具等のかさのはるものは例外で、これは別に定める料金にしたがっていた。

このカタログによる通信販売は、それまで潜在的な段階にとどまっていた地方と外国の需要を一気に顕在化させ、〈ボン・マルシェ〉現象を広くヨーロッパ中に拡大する結果になった。すなわち、全ヨーロッパ規模において、欲望の全面的解放と、中産階級のアッパー・ミドルへの接近が一段と加速されることになったのである。おかげで、〈ボン・マルシェ〉の新館開店時に約五百万フラン（五十億円）だった年間通信販売総額は、三十年後の一九〇二年には約六・五倍の三千三百三十万フラン（三百三十三億円）に伸びた。これは全体の総売上額の伸び率五・五倍を上まわる数字である。一九〇二年には、アメリカ大陸からも百万フラン（十億円）の注文が届いている。

とにかく、商品を見せてしまえ

ところで、このカタログ販売は、広告という観点から見れば、もっとも効率のいいコマーシャルであった。というのも、「とにかく、店にこさせてしまえ」というブシコー戦略は、「とにかく、商品を見せてしまえ」という言葉に置きかえられるように、消費者に商品それ自体の存在を知らせてフェティッシュな力で物的な欲望を開花させることにあったが、前にも触れたように〈ボン・マルシェ〉の商品すべてを見せることは事実上不可能だったので、商品を手際よく見せてくれるガイド書のようなものが必要だったからである。事実、このカタログを持参して、〈ボン・マルシェ〉まで買い物にやってくる客も多かった。

ひとことで言えば、カタログは店内では限度のある欲望の掘り起こしをイメージの力

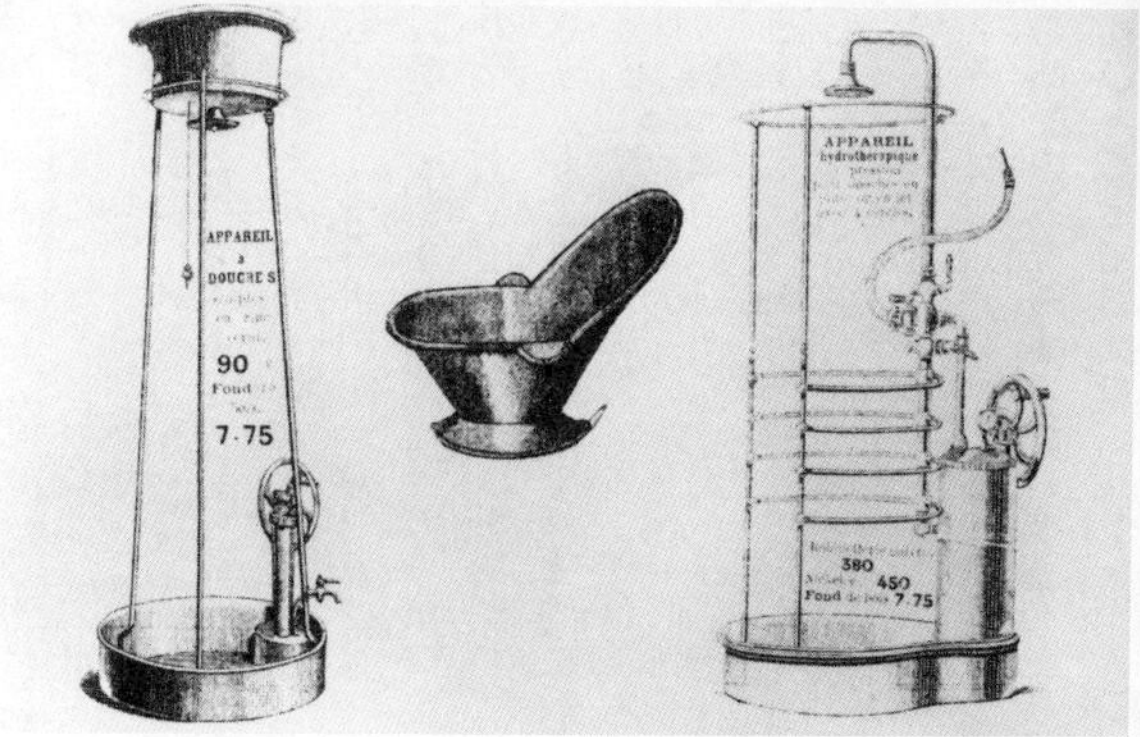

〈ボン・マルシェ〉のカタログはパリに住む客に対しても、もっとも有効な宣伝手段だった。カタログは消費者のニーズを先取りする形で、つぎつぎに新しいライフ・スタイルを提唱した。1900年代のキャッチ・フレーズは「快適で清潔な生活」。新型のシャワーや身繕いの道具がカタログに登場した。

こなっていたのである。『ボン・マルシェ小史』にはこう書かれている。

〈ボン・マルシェ〉の宣伝活動は、新聞の折り込み広告や壁面広告といったものもありますが、とりわけ、カタログの発送が大きな比重を占めています。

実際、消費者は、カタログをすみからすみまで眺めることによって、アッパー・ミドルのライフ・スタイルを教える〈ボン・マルシェ〉の意図をくみ取り、欲望をしっかりと方向づけすることができた。

たとえば、世紀末から、ベル・エポックの時代にかけて、〈ボン・マルシエ〉が盛んに説いたのは、クリーン・アンド・ディーセント（清潔で快適）な生活と、エレクトリック・ライフ、およびスポーツをたしなむ精神である。

クリーン・アンド・ディーセントというコンセプトは一度、第二帝政の時代にナポレオン三世によってイギリスから輸入が試みられたが、当時はまだ時期尚早でフランスでは受け入れられなかったものである。しかし、上下水道の普及によりこの習慣行動（プラティック）も、ようやく世紀末からフランスでも定着するようになっていた。

〈ボン・マルシェ〉は、この傾向をいち早く察知して、トイレ、洗面所、バス・ルームなどのサニタリー・スペースを清潔で快適なものにすることこそがアッパー・ミドルの義務であると、カタログの商品で具体的に教示した。水洗トイレ、ビデ、シャワー、ほうろうの浴槽などの新製品がカタログの多くのスペースを占領した。

いっぽう、一九〇〇年の万国博覧会で開花したエレクトリック・エイジは、〈ボン・マルシェ〉のカタログでまずその具体的な成果を発表するという形式を好んで取るようになった。電灯、電話、映写機、洗濯機、掃除機などがそれである。またこれは電化製品ではないが、カメラもカタログの主力商品のひとつであった。

そして、馬車に代わって、自転車や自動車、オートバイが登場するようになると、これらの商品のみならずこれに関連したスポーツ・グッズもすかさずカタログの常連となった。

ひとことで言えば〈ボン・マルシェ〉のカタログはモダン・エイジのライフ・スタイ

教えてくれる教科書、つまり「ポパイ」や「Ｈａｎａｋｏ」の元祖として、準アッパードルの階級の者たちにもっとも熱心に読まれていたマガジンだったのである。

デパートを発明した夫婦

ところで、これまで、〈ボン・マルシェ〉という、もっとも資本主義的な「制度」を発明した功績は、すべてブシコー一人に帰してきたが、これは厳密にいうと正しくない。というのも、〈ボン・マルシェ〉が大きく飛躍する過程で、それ以前の商店の持ち得なかった革命的な性格を獲得することができたのは、かならずしもブシコーひとりの力によるものではなく、むしろブシコー夫妻の共同の作業のたまものだったからである。すなわち、〈ボン・マルシェ〉を〈ボン・マルシェ〉たらしめたさまざまなコンセプトや戦略のかなりの部分が、ブシコー夫人マルグリットの発案になるものだったことは、各種の資料から判断して、まずは間違いないのである。

〈ボン・マルシェ〉の発行する小史、アジャンダ、パンフレットの類いには、かならずブシコー夫妻の肖像が掲げられ、業績が称えられているが、これはブシコー死後にマルグリット・ブシコーがおこなった従業員の福利厚生や慈善事業にかんするものばかりではなく、たとえば、次のようにマルグリット・ブシコーの夫の商売への献身的な協力を称賛した箇所もある。

> 〈ボン・マルシェ〉の主人は、慈善事業においても、また商業活動においても、情熱的な献身によって彼をたすけてくれる伴侶に恵まれていました。すなわち、一八一六年にソーヌ・エ・オワーズ県のヴェルジュクスで生まれたマルグリット・ゲランがその人です。
> 彼女も、夫と同じく、民衆の出でしたので、民衆の率直で寛大な魂を持っていました。彼女こそは、夫にふさわしい伴侶であり、夫が取り組んでいる事業の偉大さをだれよりも理解していました。そして、持てる力と知恵のかぎりをつくして、夫の事業の遂行に一生をささげたのです。
> 彼女は、夫と同じように働き者で、また労働の価値をよく知り、商売にかんする実利的なセンスと女性の心優しさをふたつながらに併せ持っていましたので、夫の忠実な友となると同時に、またとない優れた助言者ともなり、分別と愛情を持って、彼を支えることができました。（『ボン・マルシェ小史』）

『ボヌール・デ・ダム百貨店』のオクターヴ・ムーレは独身だったが、ゾラによれば、女性心理を自在に操るムーレは自身の中に「男」と「女」の二つの性を持ち、片方の「男」が「女」のもっともひそかな部分を読んであの大胆なデパート戦略を打ち出したという。

ブシコーの場合は、マルグリットという妻がいた。そして、この二人は完全な一心同体った。つまり、ムーレの「女」に当たるのが、マルグリットで、彼女は自らの心理を分てその結果を夫に教えたに違いない。デパートで女性がほしがるもの、こういう設備があればいいと思うもの、あるいは、女性が買い物をするときにアリバイとして必要とするもの、こうしたものすべてをマルグリットは直感的に感じとって、夫と二人で〈ボン・マルシェ〉の販売戦略を考えたのである。

夫妻が協力したのは販売戦略ばかりではない。労務管理面でも彼女のイニシャチブは発揮された。後述するように、〈ボン・マルシェ〉のひとつの特徴であるゲルト制と呼ばれる歩合給制度はマルグリットの発案だったばかりか、従業員を持株社員にする利益循環システムを考え出したのも彼女である。マルグリット・ブシコーの果たした役割は、たんなる内助の功という域をはるかに越えていた。

ひとことで言えば、〈ボン・マルシェ〉が打ち出したデパート戦略の大部分は、ブシコー夫妻の合作の結晶であり、デパートは、ブシコー夫妻によって「発明」されたのである。

第四章　管理の天才、ブシコー

〈ボン・マルシェ〉の理想的な売り子とは、決して押しつけ販売をせず、客がどんなにわがままを言っても、常に笑顔で応対し、客が納得のいく買い物をするよう助言する店員だった。もっとも給料はゲルと呼ばれる歩合給で支給されたので、店員は必死になって売ろうとした。写真は香水売り場。

独立売り場制

歴史に名を残した商業のパイオニアは、独創的な経営哲学の持ち主であると同時に、きわめて合理的な管理システムの開発者でもある場合が多いが、ブシコーも当然、この例にもれなかった。いや、それどころか、ブシコーは、管理者としても、卓抜した才能の持ち主であり、次々と新しい管理技術を開拓して、資本主義社会における会社経営の理念を作りだしていった。この章では、集客戦略よりも、ブシコーがいかにして社員のやる気を引き出し、また会社の永続的な安定経営に心をくだいたかを見ていくことにしよう。

だが、それにはまず〈ボン・マルシェ〉における商品の納入と販売がいかなるシステムに基づいていたかを調べてみなければならない。

〈ボン・マルシェ〉が他のデパートと異なっていた最大の特徴は、それぞれの売り場（一八八二年の時点で三十六）が、〈ボン・マルシェ〉という連邦を構成する共和国のように完全に独立した機能を持っていたことである。売り場には一人ずつ売り場主任が置かれ、仕入れ、販売の両面で、別個の店舗のように、すべてを取り仕切っていた。極端に言えば、〈ボン・マルシェ〉には、三十六の業種の違う専門店が入っていたということである。とりわけ仕入れは、売り場主任の腕の見せどころで、直接生産地に赴《おもむ》いては、高品質の商品を思いっきり値段をたたいて買い入れてくることが多かった。裁量は全面的に売り場主任に任いて、自分でこれはと判断したものを仕入れてくることができた。これが〈ボン・マルシエ〉と〈ルーヴル〉の大きな違いである。

〈ルーヴル〉では、売り場主任は、〈ボン・マルシエ〉におけるような自由を持ってはいない。仕入れに関しては、経営者にうかがいをたてなければならない。(ゾラ『調査ノート』)

しかし、〈ボン・マルシエ〉でも、もし売れ残りが多量に出た場合には、翌月、あるいは翌年同月の仕入れに使える金額は、当然制限を受けることになっていたから、そこは、勢い慎重にならざるをえない。だが、冒険をしなければ、課せられた売り上げのノルマを大きく越えることはできず、その結果として、あとで述べるように自分の収入も伸びない。

このように、〈ボン・マルシェ〉の売り場主任は自由のある分、責任も重大であり、当然、いかなる商品が売れるのか、常に自分のアンテナを鋭くして時代の趨勢《すうせい》に気を配っていなければならなかった。ひとことで言えば、売り上げが伸びるか否かは、売り場主任の仕入れの才覚ひとつにかかっていたのである。

搬入用カウンター。地方や外国の工場や作業場から運び込まれた製品は滑り台で地下の搬入部に送られ、ここで納品伝票との照合がおこなわれる。倉庫はこの地下にあるにはあったが、在庫はトヨタの「かんばん方式」と同じく、必要最小限にとどめられた。

商品の到着

売り場主任が仕入れた商品は、鉄道と荷馬車を乗り継いで〈ボン・マルシェ〉に運ばれ、一階にある搬入口のところに到着する。搬入口というのは地下一階の搬入部に通じている穴のことで、荷馬車から降ろされた商品は梱包されたままここで秤にかけられ、ついでこの穴から搬入部へと押し込まれる。といっても、地下の搬入部まで、商品はグリソワールと呼ばれる螺旋《らせん》の滑《すべ》り台の上を滑っていく。

滑り台の下では、それぞれの売り場の係の人間が待っていて、自分の売り場の荷物を回転テーブルから受け取り、これを手押し車に乗せて各セクションの搬入カウンターに持っていく。荷ほどきされた商品は、カウンターの前に立っている売り場主任によって納品伝票と照合されたあと、上の階の売り場へ直接運ばれる。地下の倉庫に保管されることもあるが、在庫は最小限にとどめるのが原則なので、余分な商品の納入はほとんどなかった。

いっぽう、売り場主任のサインをもらった納品伝票は、中央経理部にまわされ、監査部でチェックを受けたあと、支払い手形が作られ、最後にブシコー（あるいは後継者）がこれにサインをするという段取りになっていた。支払い手形の期限はすでに述べたように、一ヵ月が普通だった。

売り場に運ばれた商品は、売り場主任の判断で価格を決められ、すべて値札を貼りつけられて陳列された。ディスプレイも売り場主任の責任でおこなわれ、他の売り場よりも、すこしでも人目を引くようにとさまざまな工夫がこらされた。ウィンドー・ディスプレイは、売り出しの順番のまわってきた売り場が受け持つことになっていた。また売れ残りの商品の値下げ幅も、売り場主任の一存できめることができた。

ところで、販売の方面に関しては〈ボン・マルシェ〉のもう一つの特徴である歩合給制度のことをまず説明しておかないと、販売システムの独自性を理解することはむずかしいかもしれない。

ゲルト制度

〈ボン・マルシェ〉においては、配達員、ボイラーマン、ボーイなど現業部門の従業員を除くと、上は取締役から下は平の店員まで、すべて固定給プラス歩合給の給与システムを採用していた。〈ボン・マルシェ〉が大きく躍進した原動力は、薄利多売方式とならんで、この歩合給システムにあったと言っても決して言いすぎではない。

すなわち、固定給は総じてかなり低く、極端にいえば辛《かろ》うじて飢《う》え死にしない程度のものだったが、歩合給によって、才覚次第では、平の店員でも平均固定給の三倍の金額を手にすることができるようになっていた。もっとも、平店員と職制では、歩合給のシステムが異なり、歩合給の歩合自体も違っていたが、いずれにしても、地位の上下を問わず、働けば働くだけ収入が増えるわけで、これが、従業員のやる気を引き出していたことは疑いをいれない。北山晴一氏によると、このゲルト制は、ブシコー夫人のアイディアだったという。

まず職制のかなめである売り場主任は、固定給のほかに、売り場の売上高に応じて歩合給を受け取るシステムになっていた。ゾラの『ボヌール・デ・ダム百貨店』で、絹物売り場の主任ブトゥモンは、年間の固定給三千フラン（三百万円）のほかに売上高の一パーセントの歩合給をもらっていたので、年収は一万五千フラン（千五百万円）にも達していたと書かれている。

ただし、これは〈ボヌール・デ・ダム〉が大躍進する前の話であり、ブトゥモンが〈ボヌール・デ・ダム〉を去って独立するころには、収入は相当な額になっていたはずである。〈ボン・マルシェ〉でも、実際に売り場主任はこれに近い収入を得ていたものと思われる。

このように、売り場主任は、歩合給が純益ではなく売上高に比例するシステムだったため、できるかぎり価格設定を低くして、売り上げを伸ばそうとする傾向が強かった。ただ、このシステムだけに頼っていると、当然、売上高がいくら伸びても純益が伸びないという事態が生まれるので、ブシコーはこれに歯止めをかけるため、幹部社員である取締役はデパート全体の純益に応じて歩合給をもらうようにしておいた。

そのため、売り場主任があまりの低価格設定をおこなうと、取締役が売り場主任の配置替えや更迭《こうてつ》を要求するケースも生じた。第一章で、売り場主任のブトゥモンと取締役のブルドンクルが対立する『ボヌール・デ・ダム百貨店』の一場面を引き合いに出したが、こうした対立は、いわば、いっぽうの利害が独走するのをもういっぽうの利害が防ぐように機能する独特の自己制御装置であり、決して有害なものではなく、むしろ経営を安定させるのに大いに貢献した。

いっぽう、店員のほうは、自分が売った商品について歩合給を受け取るシステムになっていた。店員のこの歩合給は特別に「ゲルト」と呼ばれていた。

店員は毎日自分が売った売り上げに対して歩合給をもらえるようになっている。これがゲルトである。以前、このゲルトは、売れ残り品（これをゲルトされた商品と呼んでいた）にしか適用されていなかった。ところが、あるとき、店主はこうした商品が飛ぶように売れていくことに気づいた。というのも、店員は売れば歩合給がもらえるというので熱心になるからである。この観察の結果、すべての商品にもゲルトが適用されることになった。これ以後、店員はできるかぎりたくさん売ろうと努力するようになった。これぞ近代的なアイディアである。（ゾラ『調査ノート』）

このゲルト制のおかげで、優秀な店員は、かなりの収入を手にすることになった。同じくゾラの『調査ノート』によれば、家具売り場とか、絹物売り場、あるいは絨毯売り場などの売上高の多い売り場の店員は、固定給は年収千二百フランから千五百フランにすぎなかったが、歩合給で年平均三千六百フランももらっていたので、年収五千フラン（五百万円）を超えるものも現れた。ちなみに、この当時の大学生の仕送りは千五百フラン（百五十万円）程度である。

弱肉強食の世界

ゲルトは、おおむね次のようなシステムで店員に還元される。

まず買い物客が購入商品を決めると、店員は、売上伝票と控えの二つのパートに分かれた自分のノートに売り場と店員ナンバー、日時、商品名、個数（あるいはメートル）、価格をそれぞれ書き込む。ついで、商品と客をともなってレジのところまで行き、売上伝票を手渡して、控えの金額を読み上げる。レジ係は、それを帳簿に記入して、客から代金を受け取ったあと、もう一度読み合わせをして、売上伝票にレジ・ナンバーの入った「支払い済み」のスタンプを押し、それを釘に刺して保管する。このとき同時にレシートも客に手渡す。

商品はレジの後ろのテーブルで梱包係によって包装され、持ち帰りの場合は客に手渡される。配達の場合は、客の住所氏名を添え、配送係にまわす。もし、買い物客が、複数の売り場にまたがって買い物をするときには、店員は、次の売り場の店員に商品と売上伝票を手渡して、客の応対をまかせる。客の買い物が全部終わると、最後の売り場の店員が、レジに行って、すべての売上伝票を読み上げ、さきほどと同じことをする。

閉店時間になると、レジ係は帳簿の合計を出して、売上伝票の束とともに、これを控除部（監査部）に持っていく。控除部では、帳簿と売上伝票の計算をやり直すと同時に、店員のゲルトの金額を算出して、給与表に記載する。この控除部では計算まちがいを発見した係員に報奨金が出されるので、みな真剣に計算ミスを探した。ゲルトは他のデパートでは週末に支給されたが、〈ボン・マルシェ〉では月極めだった。

ところで、こうしたゲルト制は、確かに店員のやる気をかき立てはしたが、当然店員同士の競争心を刺激し、弱肉強食の世界を作りだした。すなわち、優秀な店員はいくらでも儲けることができるが、無能な店員は少しも収入が増えないという状況である。この状況は、放置しておくと、いがみあいに発展し、逆に売上増を阻害する恐れがある。

そこで、〈ボン・マルシェ〉は、ローテーション・システムを導入して、客の対応が機会均等にできるように工夫した。つまり、各売り場の黒板に店員の名前を順番に書かせ、客に応対し終わった店員は、また一番最後に自分の名前を記入するというようにさせたのである。

店員の理想像と本音

ただ、いくら機会均等にしておいても、売り子としての才能の差は歴然と出てくる。もっとも、ブシコーが、客に商品を押しつけることのうまい店員をよい売り子とは考えていなかった点は注目しておく必要がある。つまり、ブシコーの考えでは、同じ客に何度も〈ボン・マルシェ〉に足を運んでもらうことが何よりも必要であるから、店員が客に不愉快な思いをさせることはなんとしても避けなければならなかったのである。

ひとことでいえば、従来の個人商店のように、客が一度店内に足を踏みいれたら最後ということが絶対にあってはならないのだ。第一、無理やり押しつけても、返品自由なのだから、そんなことをしても無意味である。したがって、模範的な店員とは、客がどんなにわがままなことを言っても、常に笑顔で礼儀正しく応対し、客が気持ちよく買い物できるような雰囲気を作り出すことのできる店員であり、その任務とはあくまで、客が納得のいく買い物のできるよう手助けをすることである。

そのため、ブシコーは、店員が客に自分のほうから商品を勧めることは禁止していた。もっとも、客に助言を与えて誘導することはかまわないのだから、結局は同じことではあるが、原則としては、商品それ自体に価値を語らせるというのが、ブシコーのモットーであった。

ブシコーは、商品がおのずから語りだすようでなければならないと言って、店員のお勧めは禁止していた。（ゾラ『調査ノート』）

しかし、いくらこのように店員を教育しても、そこは人の子。店員のほうでも客を選びたがった。さんざん引き回しておいてなにも買わずに帰る客には口では丁寧に「またのお越しを」と言ってにっこりほほ笑んでも、目つきが険しくなっているのは人情というものである。おまけに、気前よく買っていったと思った客が返品しにきたりしたら、ゲルトはなくなるから目も当てられない。

反対に、買う物をすぐに決めて手間を取らせない客は、店員にとってはそれだけ回転がよくなるから、当然よい客ということになる。客が買うか買わないかは、ベテランにはすぐに見分けがついた。とくに、地方からやってきた客は結局、店員の「助言」で、考えていたよりもはるかに多くを買わされることになった。

閉店近くになると、どの店員も、頭の中で、その日のゲルトを計算して、意気消沈したり、ホクホク顔になったりしていた。暇なときの店員同士の私語は、たいていは、いやな客に対するグチに終始していた。

とはいっても、ゲルト制のもとでは店員同士が連帯感を持つということはほとんどないに等しかった。それは、男同士、女同士の場合にかぎらず、男子店員と女子店員のあいだでも同じことで、愛情よりも、金がすべてに優先した。だいいち、一日、十二時間近い重労働でへとへとになっているので、組合活動や色恋に情熱を注ぐ元気もなく、唯一のなぐさめは手にしたゲルトのことを考えて、日曜にどこへ遊びに行こうかと夢想することぐらいだったに違いない。

経営者側の狙いもここにあった。おかげで、〈ボン・マルシェ〉ばかりか他のデパートでも組合はなかなか結成されなかった。

新しい労使関係

いま、不用意に経営者側と組合という言葉を出してしまったが、〈ボン・マルシェ〉は、まったく新しい商業形態を生みだしたのと同様に、それまでとは完全に異なった労使関係を作りだしたので、ここではぜひそれに触れておかなくてはならない。

〈ボン・マルシェ〉を始めとする薄利多売方式のデパートが一八六〇年代の後半に成立する以前、衣料品店では、ちょうど日本の相撲部屋のような労使関係がいまだに命脈を保っていた。すなわち、店主の故郷の親類筋から紹介を受けた少年が、丁稚として店に入り、やがて才覚を認められて番頭となり、店主の娘と結婚して経営権も引き継ぐ、というような血縁地縁的な関係が、店主と使用人のあいだに暗黙のうちに確立されていたのである。

したがって、使用人は、娘と店をもらい受けるまでは、たとえ気にくわぬ店主でもひたすら忍の一字で耐え、一方、店主は、未来の舅婿関係を想定しながら家族の一員として使用人を遇するというのが普通だった。『ボヌール・デ・ダム百貨店』に描かれた、ドゥニーズの叔父ボデュの店〈ヴィエーユ・エルブフ〉は、こうした古いタイプの衣料品店の典型で、薄暗い店の奥で、ボデュ夫妻と娘のジュヌヴィエーヴ、それに番頭のコロンバンが、活気のない澱《よど》みきった、それでいてある種濃密な生活を送っていた。

ところが、マガザン・ド・ヌヴォテ、そしてとりわけ〈ボン・マルシェ〉に代表されるデパートの出現が、第三次産業におけるこうした前近代的な労使関係を一変させた。第一に、この種の新型店では、店と住居が別になっているので、店主の家族と従業員が接する機会がないばかりか、店舗面積が大きく、使用人の数も多いため、店主と使用人の関係も家族主義的なものではなくなる。

その結果、店員が店主の娘と店舗を引き継ぐという淡い望みで、報われぬ低賃金長時間労働に甘んじるということもない。労働を評価する基準は賃金だけになる。さらに、それまでの「売ってやる」という態度は通用しなくなったから、いかにして客に買う気を起こさせるかという、いわばプロの販売技術のようなものを身につけた店員が必要になる。

そうなると、丁稚から始めて商品知識を徐々に身につけさせていくという時間のかかる店員教育ではまにあわず、初めから即戦力となる経験者を雇わなければならない。事実、〈ボン・マルシェ〉では、他のマガザン・ド・ヌヴォテで何年か経験を積んだ者以外は雇わなかった。逆に言えば、賃金の高かった〈ボン・マルシェ〉では、店員教育の基礎的な部分は他店にまかせることができたということである。

ようするに、〈ボン・マルシェ〉では、ゲルト制をあらかじめ受け入れてプロの店員として高賃金を得ようとする割り切った人間しか集まってこなかったし、また経営者側でも、採用の基準は人柄よりも経験や容姿、接客技術の巧拙などに置いていたから、家族主義的な人間関係は労使間に入り込む余地がなかったのである。第一、採用を決定するのは、ブシコー(あるいは代表取締役)ではなく、それぞれの売り場主任だった。売り場主任は当然、自分のセクションの売上増加にもっとも役立ちそうな人間を採用した。

マニュアル化された店員教育

しかし、こうした中途採用の店員ばかりになると、逆に彼らを〈ボン・マルシェ〉という店のメカニズムにあわせるための社員教育が必要となってくる。だが、先輩店員が長い時間をかけて手とり足とり教えるというような余裕はないから、いきおい社員教育は、マニュアル化せざるをえない。

つまり、新入りの店員でも、売り場に立ったときには、すでに店の販売システムが要求するスタンダードをすべてマスターできるような画一化された店員心得のようなものが必要となったのである。ブシコーが店員に要求した基準とはおおむね次のようなものである。

①商品知識はもとより、商品の場所、価格体系、商品記号、値札のつけ方、レジでの読み合わせの仕方などを完全にマスターしておくこと。

②〈ボン・マルシェ〉が「誠実、廉直」をモットーにしている以上、昔の商人のような駆け引き、騙《だま》し、強引な販売などがあってはならない。

③清潔な服装ときちんとした身だしなみを心がけ、客に不愉快な印象をあたえないようにすること。店内での喫煙は厳禁。

④丁寧でへりくだった言葉づかいを身につけ、客のどんな質問にも笑顔で答えるようにすること。勤務中の私語、および椅子に腰掛けることは厳禁。

⑤商品に欠陥があった場合は、それを客に隠したりせず、かならず正直に教えること。

⑥売り場での買い物が完了するまで、常に客と行動をともにすること。

まったく、現在のフランスの大型店の店員の無知で横柄《おうへい》な態度を見るにつけ、ブシコーのこうした教えはどこに行ってしまったのかと嘆きたくなるが、それはさておいても、このマニュアル化は、客と店員とのやりとりによって商品を売るのではなく、商品の質と店の雰囲気によって「消費する喜び」を客に与えようとしたブシコーの商業哲学を見事に反映している。つまり、店員とは、極言すれば、客が店員の存在を意識せずに気持ちよく買い物ができるようにするための「完璧なる接客機械」でなければならないのである。

これは、商売とは客と店員の一対一の真剣勝負だとする従来の考え方とはまったく逆をいく商業哲学であり、店員の役割とは、商品と客を結びつけるハイフンのような補助的なものにすぎなくなってしまっている。第一、店員は名前ではなく、店員番号で呼ばれていた。ここから、店員のいないスーパー・マーケットというコンセプトまでは、あと一歩の距離にすぎない。

「会計に行く」はクビのこと

ところで、実際のところ、こうしたブシコーのマニュアルははたして完全に実行されていたのだろうか。結論から先に言えば、ほぼ完璧に実行されていた。というのも、〈ボン・マルシエ〉においては、ゲルトのパーセンテージが高かったので、店員希望者はひきもきらず、完全な買い手市場になっていたからである。パリの衣料品業界で働く若者の夢は〈ボン・マルシエ〉の店員になることだった。

したがって、〈ボン・マルシエ〉に入社しながら、もしマニュアルをマスターできないようであれば、即座に店員失格と見なされ、クビが飛ぶことは火を見るよりもあきらかだった。その点はなんの人間的な配慮もなく、まるで機械のネジでも取り換えるように、非人間的な取り扱いで解雇が実施された。

とりわけ、八月の夏枯れシーズンになって人員に余剰ができると、普段から勤務態度に問題ありとチェックされていた店員は、売り場主任、あるいは人事担当重役から「会計に行くように」と言われるのではないかとビクビクしていた。「会計に行く」とは、その日までの給料が支給され、翌日から解雇ということを意味していた。

こうした勤務評定は、監視官と呼ばれる、いわばデパートの憲兵のような役割の男たちによって作成されていた。監視官は、買い物客の案内係をつとめたり、万引き客を監視したりするほか、店員の遅刻をチェックしたり、私語や喫煙などの遵守《じゅんしゅ》事項違反を記録したり、マニュアルにある接客態度が守られているかなどを調べたりしていた。出身は、元警察官や軍人のことが多かったが、中には、〈ボン・マルシエ〉のおかげで店をたたまざるをえなくなった元衣料品店主もいた。店員たちは例外なく、この監視官を嫌っていた。

監視官のまとめあげた調査結果は、そのつど、売り場主任や重役に伝えられ、解雇予定者リストが作成された。もちろん、重大な違反があった場合は、即日解雇が伝達された。『ボヌール・デ・ダム百貨店』の中でも、主人公のドゥニーズは、金を無心にきた弟と勤務中に無断で会っているところを監視官に見つけられ、この「会計に行くように」という言葉を言い渡される。

マイケル・ミラーにしたがえば、一八七三年に〈ボン・マルシェ〉に入社した店員四百人のうち、実に三十九パーセントが五年以内に解雇されている。自発的に退職したものは四十三パーセントだから、その定着率は驚くべき低率と言わざるをえない。

ゾラの『調査ノート』によると、店員たちは、「浪費するために金を稼ぐ」「レストランやカフェで稼いだ金をすべて使ってしまい、貯金は決してしない」ということだから、いかにゲルトで稼いでいても、解雇された次の日から路頭に迷うことになる。ほかのデパートで雇ってもらおうと思っても、すでにブラック・リストがまわっていることが多い。

だが、オフ・シーズンが終わり、大売り出しが始まる頃ともなると、デパート側でも絶対的な人手不足になるので、解雇した店員を再雇用することは比較的頻繁におこなわれた。しかし、再雇用された場合、その店員が解雇される前に持っていた特権、たとえば、ゲルトのパーセンテージ、地位などすべてをうしない、初めからやり直すことになっていた。

昇進システムの確立

元来、〈ボン・マルシェ〉の店員は下層中産階級の出身者、とりわけ、ブシコー自身と同じように、地方の衣料品店の息子が多かった。当時の伝統として、商人の息子は、小学校を終えると、都会の知り合いの店に丁稚奉公にやらされるのが常だったのである。ただ、〈ボン・マルシェ〉の店員は、こうした丁稚奉公はすでにほかのマガザン・ド・ヌヴォテで終え、もう一人前の店員として立派にやっていけるプロの売り子ばかりだった。つまり、いつでも故郷に帰って親の跡を継げるのに、あえて〈ボン・マルシェ〉で働き続けている店員がかなりいたのである。

では、ゲルトによる生存競争にも耐え、マニュアルもすべてマスターし、模範的な店員として何年か〈ボン・マルシェ〉に勤めたこうした店員たちは、何を心の糧として生きていたのだろうか。昔のマガザン・ド・ヌヴォテだったら、こうしたベテラン店員の夢はパリに自分の店を持つことであった。だが、いまでは小資本の店が〈ボン・マルシェ〉のようなデパートに対抗できないことはだれよりも店員自身が知っていた。

そうなると、残る望みは、ひとつしかない。〈ボン・マルシェ〉という巨大な機構の中で出世することである。『ボン・マルシェ小史』には、ブシコーが、この「昇進」という要素を、店員のやる気を引き出す強力な武器と見なしていたことがはっきりと書かれている。

ブシコーは、店員たちのやる気をかき立てるため、規則的な昇進システムを確立しました。どんな店員でも、外部から入ってきた者がいきなり自分を追い越すのを恐れる必要もなく、この位階の一段一段を順番に昇っていけるのです。要求されることはただ、熱心な態度、創意工夫、そして、店に尽くそうという気持ちだけです。

すなわち、〈ボン・マルシェ〉に採用された店員は、ひとりの例外もなく、まず平店員（ヴァンドゥール・アン・スゾルドゥル）としてスタートする。そして、男女を問わず、とくに落ち度がなければ、一、二年で、兵隊の一等兵に当たるプルミエ・ヴァンドゥールに昇格する。

しかし、このあと、兵隊なら下士官クラス、会社なら係長に相当するスゴン（あるいはドゥジエーム・スゴン）に昇進するのはそれほど簡単なことではない。たいていの者は、スゴンになる前に解雇されるか、あるいは重労働に身体を壊して店を去っていく。

だが試練を乗り越え、スゴンになった者は、つぎにプルミエ（あるいはプルミエ・スゴン）という地位をめざす。これは兵隊の士官クラスあるいは課長に当たる地位で、年中買いつけのために地方を飛びまわっている売り場主任の代理として、売り場のあらゆることに指図をあたえるほどの大きな権限を持っている。

ここまでくれば、あとは独立共和国の主、売り場主任になるのも夢ではない。女店員でもこのプルミエまで出世した者はかなりの数にのぼる。

売り場主任の望みは取締役

売り場主任は、連隊長ないしは部長に相当し、すでに述べたように仕入れと販売について全面的責任を負っている。売り場主任になると、仕入れ業者とコネクションもでき、デパート商売のノウ・ハウも完全にマスターしているから、資本さえだれかに提供してもらえるなら、独立してあたらしいデパートを興すことも不可能ではない。

事実、今日では〈ギャルリ・ラファイエット〉と並ぶ代表的なフランスのデパートになっている〈プランタン〉は、ジュール・ジャリュゾという〈ボン・マルシェ〉で売り場主任を務めていた男がブシコーの経営術をマスターして一八六五年に創業したデパートである。

ところで、スゴンから上は自分の売り上げだけではなく、売り場の売り上げが歩合給の基準となるようなシステムになっていた。そのため、スゴンになると、売り上げ向上に対して意気込みが変わってくるわけで、いきおい店員への監視の目も厳しくなる。売り場によっては、プルミエでも軽く年収一千万円を超える者も出てくる。

もうこうなると、店員とは言えず、立派なブルジョワであり、収入的には、小さなマガザン・ド・ヌヴォテの店主などよりもずっと上のアッパー・ミドル階級である。売り場主任が数千万の収入を得ることさえあるのはすでに述べた通りである。

しかしこの売り場主任も、取締役の目から見れば、たんに〈ボン・マルシェ〉を動かすエンジンのひとつにすぎず、エンジンの出力が弱まったらすぐにでも交換されてしまう弱い立場の職制だった。したがって、金銭的には十分な報酬を受けている売り場主任も、最後の出世の階段として取締役にまで上りつめることを切実に望んだ。

取締役という職制が〈ボン・マルシェ〉でいつから制度化されたのかはあきらかではないが、おそらく一八六〇年代の後半に業務を拡張した際、ブシコーひとりでは経営面のすべてを賄《まかな》いきれなくなったため、創業以来手足となって働いてきた部下に、経理、人事、サービスなど売り場単位では統括しきれない各部門の指揮をまかせたことに起源を持つと思われる。この取締役たちはおたがいの連絡と意思疎通をはかるため、ブシコーのもとで取締役会を定期的に開いたが、一八七〇年代には、これが〈ボン・マルシェ〉の販売戦略の決定機関となった。だが、ブシコーの存命中は、取締役会も彼の意志を忠実に実行するための運営機関にすぎなかった。

ブシコー未亡人の決断

ところが、一八七七年に、〈ボン・マルシェ〉の新館の全館完成を待たずに、突如ブシコーが世を去り、一人息子も二年後に急逝するという思いがけぬ事態が生じた。その結果、ブシコー未亡人が跡を継ぐことになったが、このとき、彼女は〈ボン・マルシェ〉にとってもっとも重大な決定を下した。

ブシコー未亡人は、夫のつくったこの店をいつまでも繁盛させ、自分のかたわらで働いてくれた人々の将来を安全なものにすることしか考えませんでした。

そこで、一緒に働いてくれた幹部従業員たちと力をあわせ、一八八〇年の一月十四日、〈ボン・マルシェ〉を合資会社として継続させることを決め、自分はその代表という形を取ることにしました。

こうして、幹部従業員たちは、一株五万フラン（五千万円）の四百株からなる資本金二千万フラン（二百億円）の株式合資会社の株主となったのです。（『ボン・マルシェ小史』）

すなわち、ブシコー未亡人は、夫の残した全財産をこの株式合資会社に提供し、四百株のうち二百五十株を自分が取っただけで、残りの百五十株を〈ボン・マルシェ〉に貢献した幹部従業員に無償で譲渡することにしたのである。

ブシコー未亡人はさらに一八八七年に世を去るに際して遺言を残し、プラサール、モラン、フィローという三人の取締役を代表取締役に指名し、一人当たりの持株が一定数を超えないことと、代表取締役の期限を五年として再任を認めないことを条件に、〈ボン・マルシエ〉の代表権を彼らに譲ることにした。彼女はまた、会社組織に変えた時点で、自分の持株も従業員に譲渡することに決め、できるだけ多くの従業員が自社株の所有者になれるように株式分割を実施したうえで、株式購入を助けるファイナンス会社も設立した。

こうして、ブシコーが一代で築き上げた〈ボン・マルシェ〉は、文字通り、額に汗して働いた従業員の会社となったのである。

サラリーマン人生の誕生

こうした変化は、いくつかの点で、〈ボン・マルシェ〉のみならず、資本主義社会そのものにも決定的な影響をもたらした。

ひとつは、中産階級以下の階級を出身母体とする若者の生き方自体を変えてしまったことである。さきほども触れたように、従来はパリの商店の店員となった若者が、人生の目標として、選択しうるのは、
①故郷に戻って、実家の商売を継ぐ（実家が商売を営む長男の場合）。
②住み込んだ商店の婿となる。
③資本を蓄えて独立する。
という三つしかなかったが、ここで、第四の選択肢が現れた。すなわち、
④出世して社長になる。
というものである。

これまでは、自分自身しか頼るもののない青年がこうしたヒエラルキーの階段を昇ることのできる分野といえば、宗教界と軍隊、および官界しかなかった。しかし、この三つの分野で出世するには、それなりのエリート教育を受けていなければならず、小学校卒の学歴しか持たない貧しい青年にはいずれも無縁な世界だった。ところが、〈ボン・マルシェ〉では、ただ、社長に忠実に、創意と工夫をこらして売り上げの向上につとめれば、一介の店員でも最後は年収二十万フラン（二億円）の代表取締役にまで昇りつめることができるのである。

もはや、こうなったら、ひたすら〈ボン・マルシェ〉とともに、また〈ボン・マルシェ〉のためにのみ生きるほかはない。〈ボン・マルシェ〉に人生をささげることこそが、人生に幸福をもたらしてくれる唯一の道になるのである。下層中産階級を抜け出して、上層中産階級の一員となるには、上役の命令を忠実に守って〈ボン・マルシェ〉の発展に尽くす以外に手はないのだ。

かくして、一生を雇われ人として終わることをあらかじめ覚悟したうえで、ヒエラルキーを昇ることだけを励みに、会社のために人生を燃焼させる人間、すなわちサラリーマンが誕生することになる。〈ボン・マルシェ〉は、「消費者」を作りだしたばかりか、「サラリーマン」まで作りだしたのである。

福利厚生制度確立の誓い

ところで、ゲルト制による高賃金という見返りはあるにしても、〈ボン・マルシェ〉の服務規定を忠実に守っていれば、いかに実直な店員といえども、ストレスと疲労がたまってくる。おまけに、組織が巨大化してしまったため、従来の個人商店にあったような家族主義的な雰囲気はうしなわれ、合理化の生んだ官僚的な冷たさが従業員の心をすさませる。さらに、新館の開店以前は、大売り出しのシーズンには日曜出勤と十五、六時間労働が強制され、店員の健康は、狭い店舗も災いして極端に劣悪な状態におかれていた。

一八六九年に〈ボン・マルシェ〉を始めとするパリの大手のマガザン・ド・ヌヴォテを襲った店員ストライキは、あきらかにこうした労働条件の劣悪さを原因としていた。前年の一八六八年に、パリのマガザン・ド・ヌヴォテで働く五千人の店員によって結成された「店員労働組合」は、まず一八六九年の五月に日曜休業を要求して勝利をおさめ、ついで十二時間労働制の実施を掲げて十月から無期限ストに突入したが、経営者側は一歩も譲らず、逆に女子店員を多量に雇い入れることで、ついにストライキを挫折に追い込んだ。

理解ある経営者として知られたブシコーも組合側の要求にはついに屈しなかった。組合側は、要求が何ひとつ満たされなかったにもかかわらず、十二月にストライキを中止し、職場に復帰せざるをえなかった。

しかしながら、この二度にわたるストライキは、ブシコーに、店員の労働意欲を引き出すにはたんにゲルト制と昇進システムだけでは不充分であることを強く認識させた。ときあたかも、ブシコーの頭の中には、新しい店舗の設計とともに、〈ボン・マルシェ〉という組織の将来の見取り図が描かれつつあった。

二度のストライキに挟まれた一八六九年の九月九日、新店舗の礎石がブシコー夫人の手によって置かれたとき、ブシコーは、自分の息子と幹部の署名を添えた宣誓文を羊皮紙に書きつけて、礎石の下に埋めた。その宣誓文にはこう書かれていた。

ここに建立されるこの特別の建物に、わたくしは博愛主義に基づく組織をあたえることを切に希望いたします。わたくしは、日頃より、努力を常に成功という冠で包んでくださった神に感謝申し上げたいと願っておりました。わたくしが同胞に奉仕する気持ちで臨みさえすれば、この組織によって願いを実現できるものと確信しております。

いささか拙《つたな》いこの宣誓文は、のちに〈ボン・マルシェ〉の特徴となる父性的社員厚生制度の始まりを告げることになる。博愛主義の現れは、完成した新館を見学した誰の目にもあきらかだった。

一八七二年三月三十日付の「モンド・イリュストレ」は次のように新館の様子をレポートしている。

中でもとりわけわれわれの興味をひいたのは従業員のために設けられた設備や部屋などである。こうしたものが備え付けられているということ自体、従業員の福利厚生に対して、並々ならぬ関心が払われている事実を物語っている。〈ボン・マルシェ〉の新館は六百人から六百五十人の従業員に一度に食事をあたえることのできる設備を持っている。すなわち、四つの巨大な食堂と、最新の厨房設備を備えた台所があるのだ。

すでに述べたようにこのレポートは〈ボン・マルシェ〉の宣伝部の手になるもののようだが、それは逆に、ブシコーが従業員の福利厚生を新しい〈ボン・マルシェ〉の組織の眼目に据《す》えようという意図を持っていたことを教えてくれる。つまり、ゲルト制度や定期昇進システムに加えて、〈ボン・マルシェ〉を魅力ある職場にするための第三の手段として、従業員の福利厚生という戦術を打ち出したのである。

ガルガンチュアの厨房——無料の社員食堂

中でも、この戦術の目玉となったのは、新館の四階に設置された社員食堂だった。これは、社員食堂というコンセプトの目新しさもさることながら、すべて無料という画期的な特徴を持っていた。『ボン・マルシェ小史』はブシコーの意図を次のように語っている。

ブシコーは長くつらかった自分の丁稚時代を忘れず、また従業員たちがどれほど疲れているかをよく知っていましたので、福利厚生を強化することによって、規律の中にも公正と正義を生みだそうと決意しました。

それまで、食堂の食事はまずくてボリュームも足りませんでした。そこで、彼は食事の質と量を自分自身で監視することにしました。その結果、〈ボン・マルシェ〉の食堂の料理は人々の称賛を浴びるまでになったのです。

四つある社員食堂のうち、まず百二十メートルの長さを持つ男子店員用の大食堂は、飾り気はないが清潔で明るく、窓に沿ってずらりとマホガニーのテーブルが並び、八百人の店員が一度に食事できるようになっていた。食事はセルフ・サービスで、昼食は、ポタージュ、肉あるいは魚、つけあわせ野菜、デザート、半リットルの葡萄酒あるいは小ビンのビール。肉はお代わりができた。

夕食は初めのころは全員食堂で取る決まりになっていたが、やがて夕食だけは家族と一緒に食べたいという希望が多く出されるようになったので、選択は各自にまかされるようになった。もちろん食堂での夕食を希望する者は、無料でポタージュ、肉あるいは魚、つけあわせ野菜、サラダ、半リットルの葡萄酒という食事をすることができた。金を払えばデザート

従業員の福利厚生を充実するために、〈ボン・マルシェ〉新館に設けられた従業員用の食堂。昼と夜の２回出された食事は、質、量ともに満点で、しかも無料だった。上図は男子店員用の大食堂。真ん中の図は女子店員用の食堂。下図はガルガンチュアの厨房と呼ばれた巨大な調理場。

を取ることも可能だった。

質、量ともこれだけで申し分なかったが、ポタージュやつけあわせの欲しい者はいくらでもお代わりできた。パンはもちろんテーブルの上に置かれて自由に取ってよかった。大食堂の両端には、監視官と売り場主任用のテーブルが特別に用意されていたが、食事の内容はまったく変わらなかった。

女子従業員用の食堂は二つあり、店員用のものと作業場の女子工員用のものに分かれていた。どちらも天窓から光がふんだんに降り注いで明るく、メニューの内容は葡萄酒が希望者のみという点を除けば男子と変わらなかった。なお女子食堂では、給仕がちゃんとテーブル・サービスをしてくれた。

残りのもうひとつの食堂は、ボーイ、御者、馬丁などの肉体労働者用のものだが、メニューに差別はなく、仕事の性質上いつでも食事ができるようになっていた。

これらの食事はすべて同じ四階の巨大な厨房で調理された。八百人分のビフテキを一度に焼き、八百キロのポテトをいっぺんに揚げるこの調理場は〈ボン・マルシェ〉の見学コースに組み入れられていたほどで、「ガルガンチュアの厨房」と呼ばれて当時の人々の感嘆を誘った。

したたかな計算

ブシコーは、食堂業者への委託を廃し、従業員食堂と厨房にもデパートの各売り場と同じように、主任、副主任、監視官などを置いて上層部の直轄《ちょっかつ》とした。そしてとりわけ衛生状態には細心の注意を払うように命じ、栄養満点でボリュームのあるメニューを出すように常に心がけた。売り場主任は料理内容に不満が出たときには、苦情を取り次ぐように命じられていた。

ところで、五千五百人にも及ぶ〈ボン・マルシェ〉の従業員の食事をすべて無料にするという福利厚生政策は、経営面から見れば大変な財政的な負担となったが、その見返りは、当然ブシコーの頭で計算されていた。

まず第一に指摘しなくてはならないのは、従業員の健康管理という面ではかりしれない好影響をもたらしたことである。というのも、独身者が多かったため、食事を各自の負担にすると、給与を食事にまわさずほかの面で浪費する傾向が強かったからである。ゾラは『ボヌール・デ・ダム百貨店』の中でこう書いている。

出費はその分多くなったが、充分な食事をした健康な従業員からより多くの労働を引き出すことができた。これは実際的な人道主義に基づくしたたかな計算である。

第二の利点は、社員食堂があれば、店員の勤務交替をスムーズにおこなうことができたことである。普通、どの売り場の店員も三班に分かれていて、昼食は九時半、十時半、十一時半に、夕食は五時半、六時半、七時半に、それぞれ合図のチャイムがなって三交替で食堂に行くようなシステムになっていた。

それに、このように全従業員に社員食堂で食事を取らせるようにしておけば、昼休みに外に食事に出たままなかなか帰ってこない怠け者が出るのを防ぐこともできた。また夕食を店内で済ませれば、夜遊びで疲労がたまることもないわけだったが、さすがに夕食ぐらいは外で食べたいという声も強くなったので、大売り出しなどの忙しいシーズンを除けば夕食は強制的ではなくなった。

最後に、これはマイケル・ミラーが指摘していることだが、食事を無料にすることで、現業部門の従業員の給与、および店員の固定給を低く抑えることができたという点を忘れてはならない。ただ、ほかのデパートに比べれば、現業部門の従業員の給与も店員の固定給も特に低いほうではなかったし、食事の質と量も比べものにならなかったから、トータルでは〈ボン・マルシェ〉の従業員はやはり優遇されていたことになるだろう。

快適な独身寮も無料

優遇されていたと言えば、住宅面でも〈ボン・マルシェ〉はやはり破格で、パリに家族のいない男女店員は、屋根裏に設けられた七十八室（女子用五十、男子用二十八）の小部屋を無料で借りることができた。これはいってみれば、社屋内に作られた独身寮で、決して広くはなかったが、真夏と真冬を除けばまずは快適で清潔な部屋だった。〈ボン・マルシェ〉が大きくなる以前は、住み込みの店員といえば売り場の空いているところに、毛布をかぶって寝ていたりしたのだから、ずいぶんと待遇はよくなったのである。

おそらく、この面でも、ブシコーは自分の店員時代の苦しい経験から、待遇改善の必要性を感じとっていたのだろう。

女子店員用の部屋は曲がった廊下にある。廊下には床板が張られ、清潔である。ここに約七十五人の女子店員が寝泊りしている。扉には部屋番号が書いてある。大きめの部屋もあれば小さめの部屋もある。窓が二つの部屋とひとつの部屋がある。屋根裏なので天井は低い。小さな鉄のベッドが置いてあり、部屋によっては赤い綿ふとんがかかっていることもある。ベッド・カバーはブルーのキルティングである。一枚戸のついたクルミの洋服だんす。化粧テーブル。二脚の椅子。服はドアにかけるようになっている。トランクは持ち込み禁止。床は板張りで、ベッドには赤いベッド・マットが乗せてある。いくつかの部屋には、ベッドの枠に祝別されたツゲの木や十字架がくくりつけられている。（ゾラ『調査ノート』）

男子店員の部屋は、女子のそれに比べて、相部屋の比率が高かったが、こちらも同じように清潔で快適な部屋と言えた。ただ、男女とも、病気のとき以外は勤務中に自室に戻ることは禁止されていた。

また同じ五階には、ピアノのある女子店員用の談話室、ビリヤード台を備えた男子店員用の娯楽室、および男女兼用の図書室、清潔な男女別の洗面所など当時としては至れり尽くせりの設備が用意されていた。

しかし、なにせ〈ボン・マルシェ〉の顧客のほとんどは男女のモラルには人一倍うるさいブルジョワ夫人である。当然、従業員の風紀に関してはことのほか厳しくせざるをえない。女子寮の入口には、女性の管理人がいて、男子が立ち入ることはできなかったのはむろんのこと、図書室以外では、談話室や娯楽室ですら男女の共同利用はかたく禁止されていた。また決められた時間以降の外出は許可を得た場合にかぎられ、門限（平日夜十一時、日曜十二時半）破りが繰り返された場合は退寮の対象となった。

もっとも、店のそとでの恋愛は自由だったようだ。ゾラの観察によると、閉店時間になると、女子従業員が退出する出口には、恋人が何人も待っていたという。これなど、いまの日本のデパート風景とかわらないのではないか。だが、店内恋愛のケースは意外にすくなく、ほかのデパートの店員や勤め人を恋人にするケースがほとんどだった。

このほか、ブシコーがあらたに設けた福利厚生制度の中で特筆に値するのは、従業員の健康のことを考えて、〈ボン・マルシェ〉の建物内に、専属の社医を配置したことだろう。

当時は、結核が死病として恐れられ、空気の悪い室内に閉じこもる時間の多いデパート店員は、結核の罹患《りかん》率が高いといわれていたが、ブシコーは医学界の忠告を受け入れて、店内に医務室を設置し、従業員の健康管理に気を配るようにした。もちろん、これは、〈ボン・マルシェ〉の店員には肺病病《や》みはいないという宣伝効果を狙った一面もあるだろうが、いずれにしても、健全な店員による健全な労働というブシコーの理想を実現するプロセスの一環に組み入れられていたことだけはまちがいない。

店員の意識改造

従業員に無料の食事と住居をあたえることの目的が、彼らの労働意欲を引き出し、〈ボン・マルシェ〉への帰属意識を高めることだったのは疑いをいれないが、もうひとつブシコーが従業員対策として考えだした方法のうち、忘れてはならないのは、従業員とりわけ店員の意識構造を階級的に改造しようと努力したことである。

何度も繰り返して述べたように、〈ボン・マルシェ〉の顧客層は、主に第二帝政期に上昇をとげた中層のブルジョワジーだった。この階級は、上層のブルジョワジーに憧れつつ、下層のブルジョワジーとの差別化（ディスタンクション）を生きがいとする特徴を持っていたが、肝心の〈ボン・マルシェ〉の店員はどうかといえば、収入的には顧客とそれほど大きな開きがあったわけではないが、意識的にはまだ完全に下層ブルジョワジーであり、マガザン・ド・ヌヴォテ時代の店員根性が染みついてしまっていた。

客の目に映る店員像もまったくこれと同じで、極言してしまえば、客は店員を人間だと思っていなかったのである。ゾラは、女性客と男子店員のあいだで恋愛感情の芽生えることはあるかと問いかけて、その可能性は、女性客とじかに接触する手袋売り場を除くと、まずほとんどない、なぜなら、女性客は店員を「男性」としてではなく「ひとつの機械、歯車とみなしている」からだと結論している。

だが、こうした客と店員の階級意識の違いは、ブシコーにとっては必ずしも好ましいことではなかった。すくなくとも、違いがこのままで固定してしまうことはいかにも不都合だった。なぜなら、〈ボン・マルシェ〉を発展させるには、アッパー・ミドルのライフ・スタイルという理想を掲げて、これにむかって邁進するように顧客を鼓舞することが必要だが、中流意識に凝り固まっている買い物客を相手にする店員が下層ブルジョワジーの意識のままではいけないからだ。

たとえば、中層ブルジョワジーの客が、確かに品物はいいが予算とはかなり隔たりがあると思っているときに、店員が「これはとてもお安くなっております。奥様でしたら、これぐらいはお召しになっていただきませんと」と、自分の給料をさしおいて「平気で」言えるようになるには、それなりに自分も中流意識を持っていなければならないのだ。

下品で汚らしい店員に勧《すす》められたならすげなく断れる女性客も、常にアッパー・ミドルと接しているとおぼしき洗練された物腰の店員にこう言われてしまっては、買わずにいるのはプライドがゆるさなくなる。ひとことで言えば、顧客の意識が上昇したその分だけ、店員の意識も上昇させてやらなければならないのである。

だが、店員にいきなりそうした意識を持てといっても、それは土台無理な話である。まずは外観から変えていかなければならない。

外観のブルジョワ化

ブシコーはそのため、新館の五階に、従業員専用の化粧室と理髪店を設けた。

当時は、一部の特権階級を除くと風呂にはほとんど入らないのが普通だったが、ようやく中流階級のあいだで温水で頭と体を拭《ぬぐ》う身繕いの習慣が定着してきていた。ブシコーはこれを見て、店員には身だしなみに気をつけさせなければならないと悟《さと》ったのである。すくなくとも、表に出る髪や顔、それに手や爪は清潔にさせておかないと、客に不愉快な感じをあたえることになる。この点はとくに厳しく言いつけなければならない。

かくして、下は使い走りのボーイから、上は売り場主任まで、顧客と接する可能性のあるものは、厳しく「清潔さ」を要求されるようになった。そして、これに違反したものは即刻、解雇の対象になった。店内に寝泊りしている警備員やボーイも朝になると、化粧室まで身繕いに行かされた。しかし、この習慣は、客に気にいってもらわないかぎりゲルトの増えない店員のあいだでは強制されるまでもないことで、みんな自ら進んで清潔には心がけた。ゾラは、『ボヌール・デ・ダム百貨店』の中でこう言っている。

〈ボヌール・デ・ダム〉の女店員の私生活は、すっかり清潔になり、エレガントになっていた。高価な石鹸を使ったり高級な下着を身につける、一種の気取りが生まれていた。これは、彼女たちの生活条件が改善されたのに比例して、ブルジョワジーへの上昇志向が自然に生まれてきたためである。

店員たちにブルジョワ的外観を纏《まと》わせようという努力は、身繕いばかりではなく、衣服の点でも現れていた。すなわち、いい商品を売るには、店員自身もある程度いい物を身につけていなくてはならないという発想である。最新の流行品を客に勧める店員が、流行おくれの汚らしい服を着ていたら、客は店員の言葉を信じはしまい。逆に店員がセンスのいい流行の服を感じよく着こなしていたら、客は流行おくれの服を着ている自分が恥ずかしくなる。

店員たちは、常にきちんとした服を身につけ、趣味のよい着こなしを心がけるように教育されているばかりか、どこまでも礼儀正しい言葉づかいと、お追従ではない愛想のよさを義務づけられています。彼らの都会的な接客態度は、お客様のあいだでひろく認められています。(『ボン・マルシェ小史』)

男子はシルクハットをかぶること

このコンセプトを推し進めていけば、一時日本のブティックではやったハウス・マヌカン(いったい何語だ、これは！)に行き着くだろう。もっとも、当時はまだ、女子店員が流行の服を着るにしても微妙な制約があった。つまり、買いにきた女性客よりも、高くて品質のいい品を店員が着てはいけないのである。〈ボン・マルシエ〉が発表したそのシーズンの流行にはしたがってはいるが、客が求める服よりはすこし格下で、客が優越感を持てるようなものでなくてはならないのだ。

そのためブシコーは、コートや絹生地など高級品の売り場の女店員には、多少高級な絹のドレスを、白物や下着売り場の女店員には、地味なウールのドレスを、というように、売り場の性格も勘定に入れて、店のほうから制服を支給してやった。もちろん、余裕のある女子店員や中間管理職が、このポリシーに沿った私服を着ることは一向にかまわなかった。

いっぽう男子店員はといえば、当時は、女性客の相手をするには男子店員のほうがいいという考え方が支配的だったので、こちらも服装には充分に注意を払わせた。つまり、決して目立ちはしないが、センスのよさが一目でわかるような格好をするように指導したのである。折り目の入っていないよれよれのスーツで売り場に現れた店員は、それだけで、「会計へ行きなさい」と解雇通告を受けることもあった。〈ボン・マルシェ〉の当時の就業規則には、男子従業員は、店にくるときと帰るときには、シルクハットをかぶることという一条があったほどである。

もっとも、男子店員にしても、女性客に「男」を意識させず、なおかつこの人なら服の選択を任せられると思わせるような趣味のいい服を着ていなければ、ゲルトは増えないのだから、その点は自分のほうから進んで工夫せざるをえなかった。おかげで、店員は衣料費に投資する割合が増え、家計を圧迫する原因にもなったが、そこは従業員割引きでなんとかやりくりはできた。自分で服を買うだけの余裕もないボーイや配達員には、店のほうから制服が支給されていた。

店員むけ教養講座の開設

このように、身だしなみと服装という外観に関しては、ブシコーは店員の準ブルジョワ化に成功したといえたが、肝心の中身のほうはといえば、もともと育ちのよくない店員に下層中産階級の意識を捨てさせるのは容易なことではなかった。店員の娯楽といえば、ミュージック・ホールやキャバレーなどの寄席に出かけるか、競馬をやったりセーヌの支流のマルヌ川でボート遊びに興じるぐらいで知的な関心はゼロだった。

だが、従業員の意識構造を変化させないかぎり、〈ボン・マルシェ〉の本格的発展はありえないし、将来の商業戦略を担う幹部も育ってはこない。そこで、ブシコーは一計を案じ、従業員のための教養講座を開設して、希望者は無料でこれを受講できるようにした。おそらく、従業員のための教養講座という考えは、世界でもこれが最初だろう。

ブシコーが最初に設けた講座は、英語とドイツ語の会話の授業である。もっとも、これはむしろ、教養というよりも、必要に迫られての講座開設だったものと思われる。というのも、鉄道と蒸気船の普及で一八七〇年代にはパリを訪れる外国人観光客の数が飛躍的に増え、必然的に〈ボン・マルシェ〉でパリ・モードの品を求めようという英米人とドイツ人が急増したからである。

この語学講座は、閉店後、講師を外部から招いてかなり徹底しておこなわれた。ドイツ語講座のほうは、フランス人にはむいていなかったせいか、効果がさっぱりあがらずやがて廃止されたが、英語講座は、生徒の受講態度も熱心で、成績優秀者には半年の留学の特典が与えられた。

毎年、英語の授業で最優秀の成績を収めた生徒は、当店の費用負担により、ロンドン留学を認められ、数ヵ月間滞在して、英語に磨きをかけることになっています。(『ボン・マルシェ小史』）

いまでも英語を流暢《りゅうちょう》に話せるフランス人というのは、一部の専門職のインテリを除くと、あまり見かけないが、当時は外国語といえばラテン語教育しかおこなわれていなかったので、英語を話せる人間などほとんど皆無に近かった。だから、英語をマスターした店員は、これだけでも、大変な「教養」を身につけたと本人も思い、また周囲もそう感じたことだろう。この点、英語を話せるというだけでその人を見る目が違ってきてしまう日本などとよく似ている。

この語学講座のほかに、教養講座としては、文化、歴史、科学、文学などの定期的な講演会が開かれた。ブシコーは自らアカデミー会員などの一流の講師を選定し、内容のある話を店員に聞かせようとしたらしいが、効果のほどは彼が期待したようにあがったかどうか疑問である。

連帯感というメリット

それよりも、むしろ店員の意識構造を変化させるのに役立ったのは、アッパー・ミドルの人間がたしなんでいる娯楽の手ほどきを、教養講座として組織化してやったことである。中でも好評だったのは女子店員むけのコーラス練習と男子店員むけのフェンシング道場だっ

店員むけ教養講座の一環として設けられた女子コーラス。女子店員は、閉店後、外部から招聘された講師の指導でコーラスの練習に励み、数々のコンクールに入賞した。

た。

女子コーラスは、当時、これだけのまとまった数の若い女性がいるところは、女子修道院くらいのものだったから、内外でひじょうな評判を呼び、ほかのイベントなどにも駆り出され、コンクールでは常に上位に入賞した。

またフェンシングはもともと貴族のスポーツだったが、場所をあまり取らないという利点を持っていたので、閉店後、店内の売り場をかたづけて、道場をこしらえることができた。これは、スポーツで勤務中の鬱憤《うっぷん》を発散させると同時に、店員に「ハイソ」的な意識を植えつけるのにも貢献したに違いない。日本でサラリーマンに中流意識を注入するのに、もっとも役立ったのがイギリスの貴族のスポーツ「ゴルフ」であったことを思えば、ブシコーのこの戦術の先見性がわかろうというものである。このほか、ブシコーが力をいれたものに、オーケストラ活動があったが、これについては前章ですでに述べた。

ところで、こうした教養講座は、店員の意識改造という点でもかなりの効果をあげたが、もうひとつ、職場のセクションを越えた連帯感を店員にあたえることができたというメリットを忘れてはならない。

ご存知のように、〈ボン・マルシェ〉は、売り場がそれぞれ独立した共和国のような組織編成を持っていたので、売り場相互のライバル意識とセクショナリズムがことのほか強かった。ゾラの『ボヌール・デ・ダム百貨店』には、ライバルの売り場の店員たちは口もきかないという記述が出てくるほどで、この対抗意識は、いい面もあったが当然さまざまな弊害ももたらした。それゆえ、閉店後、売り場という垣根を取り払い、さらには、上役と部下という上下関係も忘れて、コーラスに打ち込んだりフェンシングに興じることは、店員にとってメリットがあったばかりか、〈ボン・マルシェ〉側にもはかりしれない好影響をもたらした。

もっとも、仕事が終わったあとまで、〈ボン・マルシェ〉に時間を拘束されるのはたまらないと言って、教養講座を敬遠する店員もいたことは確かである。こうした連中は、仕事が終わったあと、近くのカフェで落ち合って、ミュージック・ホールへ繰り出すことが多かった。ゾラは「店員ばかりが集まるカフェがある」と『調査ノート』に書いている。

しかし、金さえもらえばそれでいいというこうした店員よりも、教養講座に積極的に参加して、ブシコーの無言の経営ポリシーを正しく学びとった店員のほうがいちはやく出世の階段を駆け昇っていっただろうことだけは想像にかたくない。〈ボン・マルシェ〉は顧客にとって、アッパー・ミドルの価値観を教える学校であったばかりか、店員にとっても階級意識を学ばせる学校であったのである。

従業員の差別化

このように、ブシコーは店員の階級意識をアッパー・ミドルのほうへ引き上げるためにさまざまな方策を講じたが、こうした階級意識を植えつけるのに意外と効果的だったのは、上の階級を意識させることよりも下の階級を意識させることだった。

ひとことで言えば、「自分はあいつらとは違うんだ」という差別意識を目覚めさせるほうがてっとりばやいのである。これは、社会の支配者が、「分離して統治せよ」の原則のもとに、必ず使う手だが、ブシコーもこの例に漏《も》れなかった。そして、〈ボン・マルシェ〉で、店員の階級意識の引き上げの踏台とされたのは、使い走りのボーイや配達員、御者など現業部門で働く肉体労働者だった。

一般に、ブシコーは従業員の待遇改善に力を注いだといわれるが、同じ〈ボン・マルシエ〉の従業員でも店員と労働者のあいだには、歴然とした壁が存在していた。すなわち、幹部への道がひらけている店員と、一生現業部門にとどまる労働者とでは、差を設けるのは当然と考えられたのである。それは、現在の日本の総合職と一般職の差どころではなく、正社員とパートの差、あるいはそれ以上だった。もちろん、労働者の待遇も、年を追うごとに改善されていったが、壁がなくなることは決してなかった。

新館開店の際に設けられた従業員食堂が、男女とも店員用と現業部門用に分けられていたのは、こうした意志の現れである。また、さきほど、店内の五階に独身寮が作られていると述べたが、これは厳密に言えば、男女用とも店員のための寮で、ボーイや夜警などは売り場の空いた場所に簡易ベッドをこしらえて寝ていた。のちに述べる退職金制度や年金制度も最初は店員にしか適用されなかった。

とはいえ、ほかのデパートやマガザン・ド・ヌヴォテに比べたら、〈ボン・マルシェ〉の現業部門の労働者の待遇は比べものにならないぐらい恵まれていた。だから、他の店に勤めるボーイや配達員にとっても、〈ボン・マルシェ〉で働くことは夢であり、いつかは〈ボン・マルシェ〉の制服を着たいと願っていたのである。だが、ほかから見れば、羨《うらや》むべき地位に見えた〈ボン・マルシェ〉の労働者も、ひとたび店内に入れば、奴隷同然の身分に置かれていた。ゾラは「経営者は馬よりもむしろボーイをこき使う。ボーイは馬車馬のごとくに潰される」と『調査ノート』に書いている。

ひとことでいえば、デパートの肉体労働者は、店員のエリート意識を覚醒させるために、経営者が意図的に屈従を強いた存在にすぎなかったのである。

ホワイト・カラーの成立

このように、ブシコーはデパート店員というもののステイタスを格上げするのに、考えうるあらゆる手段を用いたが、中でもきわめつきは、〈ボン・マルシェ〉の店員は、プロフェッショナルとして破格の待遇を受けていて、その態度もふるまいもすべて人々の尊敬に値する紳士淑女であると、外部にむけて積極的に喧伝《けんでん》したことだろう。それは、本書で何度も引用した『ボン・マルシェ小史』を始めとするパンフレット、アジャンダ、万国博の案内書などの自社出版物のほか、新聞、雑誌などの〈ボン・マルシェ〉紹介記事など、あらゆる媒体を通して語られていた。

おかげで、左岸のプチ・ブルジョワの家庭では、男の子は〈ボン・マルシェ〉の店員に、女の子は〈ボン・マルシェ〉の女店員か、あるいは店員のお嫁さんにしたいと真剣に考えるようになったといわれている。〈ボン・マルシェ〉の出現以来、デパートの店員という仕事は、親が何の恥ずかしさも感ぜずに知り合いに話すことのできる立派な職業になったのである。ゾラが調査した一八八二年の段階では、バシュリエ（大学入学資格保有者）は、ほとんどいなかったが、二十世紀に入ると、大学卒も増え、デパート店員は低学歴職業ではなくなっていく。

ひとことで言えば、ブシコーのステイタス格上げ作戦により、衣料品店の店員は、高利貸しの手代が銀行員に、馬車屋の帳付けが鉄道会社社員にそれぞれ変身したのと同じ経路をたどって、デパート社員へと変貌をとげ、近代社会最初の第三次産業の中間層、すなわち「ホワイト・カラー」の一翼を形成することになったのである。この意味では、ブシコーは、消費者を「発明」したばかりではなく、「ホワイト・カラー」も発明したのである。

当時は異例の定期昇給

しかしながら、いくらエリート意識をくすぐられたとしても、労働条件それ自体がさっぱり改善されず、賃金とくに固定給が低いままに据え置かれていたとしたら、〈ボン・マルシェ〉の店員としての誇りを持てといわれても無理な話で、〈ボン・マルシェ〉に勤めたいと憧れる者も現れはしなかっただろう。第一、食費や寮費の無料化も、裏を返せば、賃上げを回避するためのある種の詐術ではなかったのかという見方も可能なわけで、たとえブシコーが従業員の福利厚生に力を注いだとしても、給料が上がらなかったら従業員のやる気も起ってきはしなかったのではないかという声も聞こえてくるような気がする。

ところが、これは「給料は上がるもの」という、いかにも今日的な固定観念にもたれかかった考え方にすぎない。というのも、バルザックやモーパッサンが言っているように（バルザック『役人の生理学』新評論→講談社学術文庫、拙訳を参照のこと）、インフレのなかった十九世紀においてはベース・アップという発想自体が存在せず、給与生活者の給与は、昇進がないかぎり何年たっても同じだったのである。したがって、一生を平役人で終わった小説家ユイスマンスなどのように、就職時と退職時の俸給がほとんど変わらなかったというケースさえあった。

したがって、こうした役人や安サラリーマンに比べれば、たとえ昇給がほとんどなかったと仮定しても、〈ボン・マルシェ〉の従業員ははるかに恵まれていたといえる。ところで、現実には、〈ボン・マルシェ〉では毎年ちゃんと昇給があったのである。

しかも、それは年に一度の定期昇給という形でおこなわれ、たとえば、平の店員として〈ボン・マルシェ〉に入ったものは、初任給として年に三百フラン（三十万円）から四百フラン（四十万円）の固定給を支給されたが、これは毎年、店卸《たなおろ》しが済んだあと、八月一日に百フラン（十万円）程度、定期的に昇給し、たとえ平店員のままであっても何年か後には固定給も千二百フラン（百二十万円）から千五百フラン（百五十万円）ぐらいまでは上昇した。

もちろん、これに平均してほぼ二倍のゲルトが加わるから二十代の平店員でも数年の経験を積めば、三千フラン（三百万円）から四千フラン（四百万円）の年収は確実に手にできたということである。三、四年たって中間管理職に出世すれば、収入が倍増することはいうまでもない。二十八歳で売り場主任に抜擢《ばってき》されるケースすらあった。そうなると、収入は軽く一千万円は超え、ときには、三、四千万円に達することもあった。

店員に比べて冷遇されていたボーイや配達員ですらも、店員と同じように毎年八月一日には百フランの定期昇給があったので、数年も勤めれば、二千フラン（二百万円）ぐらいには達した。ちなみに当時の平役人の年収は千五百フラン（百五十万円）から二千フラン（二百万円）のあいだだった。

その他の労働条件

さらに、この給与のほかに『ボン・マルシェ小史』の書かれた一九〇三年頃には、家族手当として一日当たり二フラン（二千円）と子供一人につき一日一フラン（千円）の養育費が、店員、労働者を問わず一律に支給されていたので、全体として給与水準は低いどころか、非常に高い部類に属していたといえる。

また労働条件にしても、ゾラが『調査ノート』を書いた一八八二年には朝八時から夜八時までの十二時間労働だったが、一九〇三年には朝八時から夜七時までの十一時間労働に減っている。これはあくまで拘束時間にすぎず、昼食の四十五分と夕食の四十五分の合計一時間半をこれから引かなくてはならないから、実質労働時間は、一八八二年で十時間半、一九〇三年で九時間半である。さらに当時は、みんな職住近接で通勤時間は三十分もかかっていなかったはずだから、総拘束時間は、セブン‐イレブンの（朝の七時に家を出て夜十一時に帰宅する）いまの日本のサラリーマンよりもずっとすくなかったかもしれない。

もちろん、日曜休日制は一八六九年のストライキ以前からほかのデパートに先がけて導入されていた。さらに言えば、一八八二年の時点で、平店員でも、ヴァカンスは夏と冬の二回、トータルで十五日間とることができた。日本ではヴァカンスがこれよりもすくない会社はまだいくらでもあるだろう。

第五章　利益循環システムとしての福利厚生

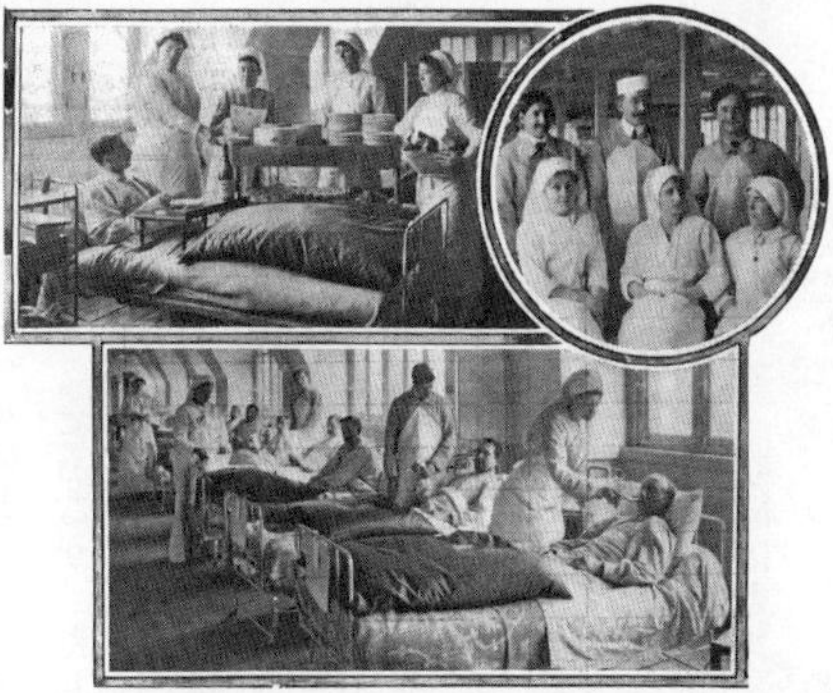

ブシコー未亡人は遺言で数百億円にも及ぶ全財産を〈ボン・マルシェ〉の従業員とパリ市民生委員会に遺贈した。パリ15区コンヴァンション街にあるブシコー病院は、未亡人の遺産をもとに作られたものである。

社内貯金のすすめ

だが、もし、〈ボン・マルシェ〉の待遇改善が、この程度のレベルにとどまっていたとしたら、ブシコー夫妻が博愛家、社会事業家として後世に名を残すこともなかったし、彼が新館の礎石の下に埋めた宣誓文を実現したことにもならなかったであろう。ブシコーが近代資本主義社会にあたえたもうひとつの大きなインパクト、それは、会社自身による社会保障制度の確立である。

第二帝政の時代、フランスの資本主義経済は、それまでのおくれを一気に取り戻し、金融資本主義の段階に突入したが、その分、社会の各方面に歪《ひず》みが現れて、労働力の苛酷《かこく》な搾取がおこなわれていた。自らの労働力しか頼むもののないプロレタリアやプチ・ブルジョワは、働けるうちはまだしも、晩年になると、慈善病院で息を引き取るしかないという悲惨な境遇が待っていた。

これはマガザン・ド・ヌヴォテの店員とてまったく同じで、よほど才覚に富む人間でもないかぎり、蓄えなどまったくたまらず、独立の夢もいつしか破れて、最後はカフェの片隅で葡萄酒やアブサントに顔を埋めて一生を終える者がすくなくなかった。つまり、働く者にとっての老後の保障が一切制度化されていなかったのである。だから、ブシコー夫妻が新館の礎石の下に宣誓文を埋めたとき、真っ先に思い浮かべたのは、〈プチ・サン＝トマ〉時代の同僚たちの悲惨な生涯だったに違いない。

もっとも、この決意は新館の建設に着手するよりもはるか以前に、社内貯金の励行という形で、従業員に表明されてはいた。すなわち、〈ボン・マルシェ〉に金を預けるならば、当時の預金金利のレートの五パーセントに一パーセント上乗せした六パーセントの利率で利息を払おうというのである。

もちろん、ブシコーがこの提案をおこなったのは、店舗拡大政策を支えるのに必要な資金を社内から調達するためである。外部の銀行に利息を払うぐらいなら、従業員にそれを還元したほうがいい。そうすればその金はふたたび社内に循環するだろうというのである。

この社内貯金に対する反響は大きかった。まず、幹部がこの提案に応じ、ついで、中間管理職もこれにならった。というのも、彼らの収入は純益や売り上げの増加に比例するシステムになっていたので、ブシコーの店舗拡大政策による利益の増大こそが自分たちの収入を増す道であるということを知っていたからである。やがて、平の店員も幹部たちに追随するようになった。彼らも同じように、〈ボン・マルシェ〉を富ませることは自分たちを富ませることだという主張に賛同したのである。

たとえば一八八六年を例にとると、九百二十七人の従業員が総計三百二十万フラン（三十二億円）を〈ボン・マルシェ〉の社内口座に預金している。ちなみに、この年の総売り上げは一千二百三十二億円、予想純利益は百億円だから、この預金額の大きさがわかろうというものである。〈ボン・マルシェ〉は、〈ルーヴル〉と違って、仕入れはおろか、増改築においても、ほとんどを自己資金でまかない、借入金にたよらなかったが、それはすべてこの社内預金を活用することができたからにほかならない。

中でも、〈ボン・マルシェ〉が、オスマンのパリ改造の際、パリ市民生委員会から、現在の敷地を一千四百万フラン（百四十億円）で買い取ったときには、年間収益の二十五パーセントを国債と鉄道債に投資して貯えた金と並んで、この従業員の貯金が大きな力を発揮することとなったのである。もちろん、こうしたことが可能になったのは、経営陣に対する従業員の信頼が厚かったためであることはあらためて指摘するまでもない。

この社内貯金は、通例、希望者の固定給から天引するという形をとっていた。ところで、こうした天引という形式は、いつの時代でもそうであるように、生活に余裕のある者にはいささかも負担ではないが、薄給で生活の苦しい者は、貯金をしたくともできないのが実状である。ところが、実際には、老後に備えてもっとも貯金が必要なのがこの層なのである。ではこの矛盾をいかに解決するか。

退職金制度の設立

死に先立つ一年前の一八七六年、ブシコーは店員全員を前にして、天引によらず、店の純益から基金を拠出する退職金制度を設立すると発表し、つぎのような演説をおこなった。

今回、この退職金制度を設置するにあたって、われわれが望んだのは、店員一人一人が、老年を迎えたときに、わずかでもまとまった金を確実に手にできるような制度、あるいは万一、不幸な事態が起こったときには、残った家族の手助けとなる金額をあたえることのできるような制度を確立することであります。しかし、われわれは、それと同時に、店員諸君に対し、諸君と店がいかに固い絆で結ばれているのかを、もっとも効果的な形で示したいとも考えたのであります。店員諸君は、自分たちの仕事に精を出し、店の利益を第一に考え、責任を持たされた品々を大切に扱うことこそが、たんに自分たちの義務であるばかりでなく自分たちの利益にも通じる道であると、はっきりと理解してくれることでありましょう。そして、われわれが店員諸君に、たえず守るように命じている店のモットーをより深く心に刻みつけてくれるものと期待しているのであります。すなわち、いまや諸君が店の利益とより直接に結びつくことになった以上、店の発展は、諸君がいかにさまざまなことに気を配り、接客態度に気をつけ、お客様を満足させるか否かにかかっているということをより正しく理解してくれるものと考えているのであります。(『ボン・マルシェ小史』)

〈ボン・マルシェ〉の退職金制度の意図については、この演説にすべてが言いつくされているので、これにつけ加えるべきものは何もない。すなわち、退職金制度は、店員が額《ひたい》に汗して働けば、店も栄え、そして、店が栄えれば栄えるほど、店員にも安楽な老後が保証される、という好ましい循環を開始させるスターターの役割を担っているわけである。では、このスターターの仕組みをここですこし説明しておこう。

　まず、毎年、七月三十一日に、決算が出ると、その純益の中から、経営者が適当と判断した割合で退職金のための基金がストックされ、これが、規定勤続年数を超えた店員各人の固定給に応じて分配される。そして、その元金に毎年四パーセントの利子が加算される。五年間以上継続して〈ボン・マルシェ〉に勤務した店員は、六十歳の定年退職時（女子は五十歳）あるいは勤続二十年を経過したとき、この退職金の支給を受ける権利を持つ。

　やがて、退職金支給年齢は男子五十五歳、女子四十五歳に引き下げられた。店員が定年以前に退職あるいは解雇された場合は、病気退職と経営者が支給を認めた場合を除き、受給資格を失うが、女子店員が結婚退職する場合は、全額が支給される。もちろん、店員が定年前に死亡した場合は、遺族に退職金と同額の金額が支払われる。

　一八七六年にこの制度が始まったときには、有資格者は百二十八人で基金は六万二千二十フラン（約六千万円）にすぎなかったが、一九〇三年には、有資格者は二千七百九十六人に達し、基金は三百九十万二千五百四十八フラン（約四十億円）に達していた。この数字は端的に店員の定着率がよくなったことを示すと同時に、言葉や監視では目覚めさせられなかった〈ボン・マルシェ〉への忠誠心が、直接の利益還元というこの制度の確立によって、確実に強まっていったことを物語っている。これはやはりブシコーの発明した利益循環システムの勝利だと言えるだろう。

フランス中を感動させた養老年金制度

退職金の制度が設けられたとき、〈ボン・マルシェ〉の店員たちは深い感動でブシコーの演説を聞き、後に元店員が回想しているように「決して、この記念すべき夕べを忘れることはあるまい」と思ったが、それから十年後の一八八六年、ブシコー未亡人がこの制度に加えて、養老年金制度を設置すると発表したときには、今度はフランス中が、大きな感動に包まれた。進歩派の文人政治家だったジュール・シモンは〈ボン・マルシェ〉のこの措置を念頭において「商業、および工業の大会社は、いずれも、社会主義の弊害を生み出すことなく、その利点のみを実践している」（『ボン・マルシェ小史』）と絶賛したほどである。

ブシコー未亡人の設立した養老年金制度は、勤続二十年以上で、男子五十歳、女子四十五歳を超えた店員を対象に、毎年一定の年金をあたえようとするもので、基金はブシコー未亡人が寄付した五百万フラン（五十億円）を元に運営されることになっていた。だが、いずれ年金受給者が増え、基金に不足が出るだろうと予測した経営陣は、退職金制度と同じように、毎年純益から何パーセントかをまわして、この基金を枯渇させないことを決定した。おかげで、一九〇三年の時点で、四百七人の退職者および寡婦に二十四万フラン（二億四千万円）の年金を支給することが可能になったのである。

しかしながら、こうした退職金や養老年金の制度は、店員のやる気を引き出し〈ボン・マルシェ〉への帰属意識を高めるという利点があったが、それが店員にしか適用されないという点で、現業部門の労働者に不公平感をあたえるという問題があった。というのも、退職したあとに、悲惨な老後が待っているのは、店員よりも現業部門の労働者だったからである。店員を〈ボン・マルシェ〉のエリートとして優遇し、店員の質を向上することによって〈ボン・マルシェ〉自体の企業イメージを高めるというブシコーの方針は、確かに充分に納得のいくものではあったが、現業部門の労働者には、同じように〈ボン・マルシェ〉のために働きながら自分たちだけが割を食っているという不満をあたえる結果になった事実は否めない。ブシコー夫妻の福利厚生政策を忠実に受け継いだ経営陣が心を砕いたのもこの点であった。

かくして、一八九二年、現業部門の労働者を対象とした養老年金・退職金制度がスタートした。受給者資格は店員の場合とほぼ同じで、基金も〈ボン・マルシェ〉の毎年の純利益から一定のパーセントを割いたものが充てられた。一九〇三年には、この基金は六十三万五千二百七十フラン（約六億三千五百二十七万円）に達した。

利益循環サークルの完成

従業員のやる気を引き出し、会社あるいは店への帰属意識を高めること、これはどんな経営者にとっても、いかに多くの利益を上げるかという問題と並ぶ最大の課題である。というよりも、いうまでもなく、この二つは分ちがたく結びついているから、従業員の労働意欲がなければ利益は上がらず、また利益が上がらなければ、やる気も起こってこない。こんなことは言われなくとも、だれもが知っている。

だが、それでは、どうやってやる気を引き出し、帰属意識を高めたらいいかということになると、おいそれと名案は思いつかない。日本人のように、もともと藩とか暖簾《のれん》といった封建的シンボルに対する帰属意識の強い民族なら、これらのシンボルを「会社」に置き換えただけで、社員が一丸となってことに当たる可能性もあるだろうが、万事に計算高いフランス人が相手では、たとえ時代が十九世紀であっても、そうは簡単にことは運ばなかったに違いない。ブシコーの苦労もそこにあった。

つまり、彼が発明したデパートという商業形態にあっては、家族的な配慮によって従業員をひきとめ、娘と営業権を相続するという餌でやる気を引き出すという従来の方法は不可能になっていたのである。従業員がデパートで働く目的はただ、金を得るということ、これだけでしかない。だが、金で労働意欲はある程度買うことはできても、店への帰属意識までは買うことはできない。もっと高く払う店がほかに現れれば、店員は躊躇《ちゅうちょ》することなくそちらへ移籍してしまう。したがって、ただゲルトのパーセンテージを引き上げればいいというわけではないのである。

では、旧来の家族的配慮をなんらかの形で復活すればいいかといえば、いったん、マネー・オンリーになってしまった店員は、そんなものはただ煩《わずら》わしいと感じるだけで、たいして恩など感じない。だから、考えうる唯一の方法は、店員が働けば働くほど自分の賃金も増えるが同時に店の利益も上がり、店が儲かれば儲かるほど店員の手にするものもまた増えるという利益の循環サークルを形成する以外に手はないわけである。

ゲルト制は確かに、この循環サークルの一つの環ではある。だが、惜しむらくは、店員がこの循環サークルの次の環を意識しないというところにこの制度の欠点がある。すなわち、自分は一生懸命働いて、これだけの給与を得た、店もこれで儲かっただろう、というところで循環の環が切れてしまうのである。そこから先、店も儲かったなら、その儲けはまた自分に還元されるという環がつながらないのだ。

ブシコーおよびブシコー夫人の天才は、この環をつなげたところにあった。すなわち、段階的昇進システム、およびそれにともなう持株制度、そして天引なしの退職金・年金制度がこれである。

はっきり言って、給料を上げれば、社員がやる気を出して働き、帰属意識も高まるだろうと考えるのは迷妄《めいもう》にすぎない。給料が高くても、社員が怠けている会社はいくらでもある。

「社員」であるかぎり、給料をいくらもらっても、それは自分の労働に対する正当な報酬にすぎないという意識が常に頭の中にあるからだ。だから、社員にとっては、給料はいくらもらってももらいすぎということはない。この意識は、社主ではない雇われ社長のときには、社長にすらある。

では、こうした「社員」意識を払拭《ふっしょく》するにはどうしたらいいか。単純に言えば、社員を全員「社主」にしてしまえばいいのである。

ブシコー夫妻と三千人の子供たちの店

社主にとって関心のあるのは、純利益である。したがって、社員を社主にするということは、社員を何らかの方法で純利益に関連づけるということを意味している。ただ、誤解のないように言い添えておけば、純利益の還元を給与という形でおこなったのではだめなのである。それでは自分が純利益にじかに接しているという社主意識が育たない。社主意識が育たなければ、会社は自分のもの、自分は会社のものという帰属意識など生まれるはずがない。

ブシコーは、この点に関してきわめて敏感だった。だから、純利益を還元するときには、必ず、社員に、これは純利益を分配してやっているのだぞ、と強く意識させるようにした。幹部社員の給与を純利益に連動するようにしたのはその第一弾であった。そして、同時に、段階的昇進システムを整備して、どんな店員でも、昇進すれば純利益に直接触れることができるのだという展望をつけてやる一方で、出世に見放された店員には、それでも一生懸命働けば、最後には純利益の分け前を退職金という形でもらえるということを教えてやった。

　ブシコー亡きあとには、ブシコー夫人が夫の遺志を継いだ。すなわち、〈ボン・マルシエ〉を合資会社に変え、株式を無償あるいは有償で、できるかぎり多くの社員にわけてやったのである。この持株制度の登場で、〈ボン・マルシェ〉の社員は、比喩ではなく、字義通り「社主」になったといっていい。つまり、社員が全員会社の純利益と関係を持つことで利益の循環サークルを作り出すというブシコーの理想がここで実現したのである。養老年金制度は、このサークルの延長にすぎない。

　ところで、いまここで、社員を全員社主にして、自分自身は隠退するというブシコー夫人の態度をもう一度あらためて眺めて見ると、実のところこれは奇妙なほど何かに似ている。そう、奉公してくれた店員に娘と店の営業権を譲って、自分たちは身を引くという、昔の商店で伝統的におこなわれていたあの相続方法とそっくりなのである。違うのは、娘がおらず、店員が大勢いるという点にすぎない。ブシコー夫人の心の中では、店員たちはみな、夫ブシコーの遺志を受け継ぐ、かわいい義理の息子や娘であり、〈ボン・マルシェ〉の栄えある後継者だった。

　いいかえれば、〈ボン・マルシエ〉は、超近代的な販売システムと利益循環システムによって運営されているにもかかわらず、基本的には、「ブシコー夫妻と三千人の子供たち（ブシコー夫人が没した一八八七年の店員の数）の店」と表現するのがもっともふさわしいのである。ブシコー夫妻は、フランスの伝統的な商業習慣を蘇らせて、〈ボン・マルシェ〉の社員の心に永久に生き続けることになったのである。

いまでも〈ボン・マルシェ〉の入口には、〈アリスティッド・ブシコーの店〉という昔ながらの看板がかかっている。創業者の名前をいまだに掲げているデパートは、パリでは唯一この〈ボン・マルシェ〉だけである。

慈善活動と社会還元

このように、ブシコー夫妻は、一八六九年に〈ボン・マルシェ〉新館の礎石の下に埋めた宣誓文に背《そむ》くことなく、従業員の福利厚生の改善に努め、最後は〈ボン・マルシェ〉を「従業員による、従業員のための、従業員のデパート」に変貌させたが、宣誓文にあった「博愛主義」という言葉は、実は、たんに従業員のためにのみ適用されたのではなかった。ブシコー夫妻は利益追求にはあれほどまでに貪欲《どんよく》だったにもかかわらず、私財を蓄積することにはいたって淡泊で、剰余金は常に貧困家庭への慈善事業にふりむけるようにしていた。

たとえば、ブシコーは普仏戦争中の一八七一年には、イギリス人慈善家の呼びかけに応えて、飢えに苦しむ近所の人々に〈ボン・マルシェ〉の店舗で五万人分の食料を配給して、慈善協会から金メダルをもらったこともあるし、一八七六年には、乳幼児のいる家庭に毎日無

ブシコー夫妻は従業員の福利厚生につとめただけではなく、貧困階級のために幅広い慈善活動をおこなった。普仏戦争の際には建築中の〈ボン・マルシェ〉新館を開放して、イギリス人の慈善家の食料配布をたすけた。

料でミルクを届けさせて、人々の称賛を浴びた。

だが、貧民救済の慈善事業ということに関しては、夫と一人息子に先立たれたブシコー未亡人が死に際して残した遺言ほど感動的なものはない。

まず、彼女は、〈ボン・マルシェ〉に勤務したことのある元店員と現店員の全員に総計一千六百万フラン（百六十億円）を遺贈し、勤務年数に応じて百万円から一千万円の遺産が配られるようにした。そして、その残りを、パリ市民生委員会に寄付し、養老院と病院、および未婚の母のための施療産院の建築に充てるよう命じた。十五区のコンヴァンション街にあるブシコー病院は、この遺言に基づいて八百万フラン（八十億円）をかけて一八九七年に建設された病院で、現在も四百人近い病人を収容している。

また、こうした遺産のほか、ブシコー未亡人は、生前からパストゥールへの寄付をおこない、パストゥール研究所の母体を作ったことでも知られている。

一八八七年にブシコー未亡人が亡くなったときには、遺徳を偲《しの》ぶ参列者二万人が葬列に加わったといわれる。ブシコー未亡人は〈ボン・マルシェ〉のみならず、パリのゴッド・マザーでもあったのだ。

デパートの発明と現代社会――結論にかえて

近代という時代を作りだすのにあずかって力あった数多くの発明発見の中で、商業の天才ブシコーによっておこなわれたデパートという発明は、ものを買うというもっとも人間的な行為を百八十度転倒してしまったという点で、まさに革命的な意味を持っている。すなわち、デパートにひとたび足を踏みいれた買い物客は、必要によって買うのではなく、その場で初めて必要を見いだすことになったのである。

ブシコーによってオペラのように陳列されたデパートの商品たちは、薄利多売というシステムによって可能になった信じられないような廉価により、また思わず手にしたくなるその奢侈により、アルス・コンビナトリア（組み合わせ芸術）の生み出すディスプレイの美しさにより、見たこともないものが一堂に会したその新奇さにより、あるいはそれがただそこに

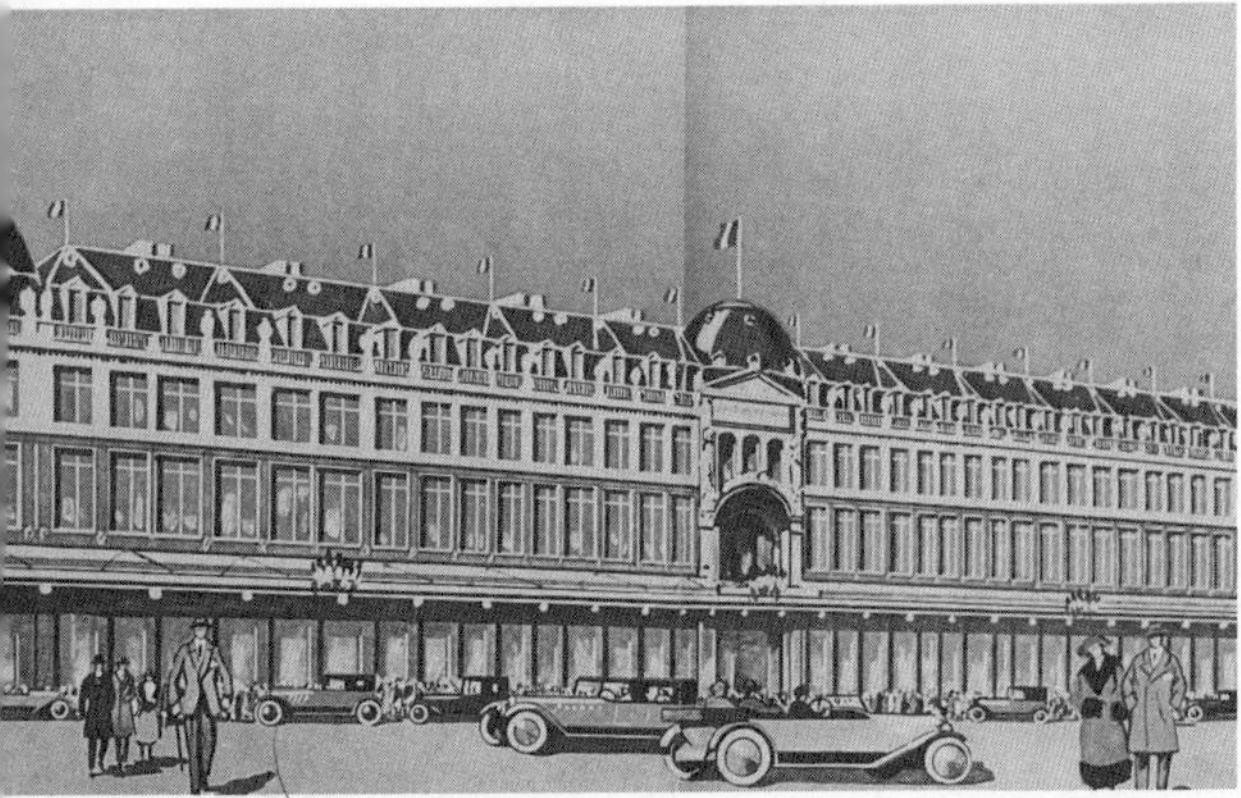

ー、アルジェリアのアルジェ、エジプトのカイロにも支店が設けられていた。

あるというだけの理由で、ようするに、商品自らの発するアウラによって、買い物客の潜在的な購買願望を目覚めさせ、必要でないものまでを買わせる独特の魔力を発揮するにいたったのである。ベンヤミンが言う「使用価値から交換価値」への転換がおこなわれたのは、まさにこのデパートという空間が最初であった。

しかしながら、たんに商品のアウラによって買い物客を酔わせるだけにとどまっていたとするなら、いいかえれば商業のアーチスト、魔術師で終わっていたら、ブシコーは時代を画した天才ではあっても、時代を超えた天才ではなかっただろう。ブシコーが真に偉大だったのは、商業とは「商品による消費者の教育」であると見なしていたことである。

すなわち、消費者に、「より豊かなハイ・

1924年の〈ボン・マルシェ〉の全景。この年には、パリ本店のほか、ヴィシ

ライフ」という目標を設定してやって、そこに到達するよう叱咤《しった》激励してやること。実は、この教育的な側面が存在しなかったら、〈ボン・マルシェ〉の本当の意味での発展はありえなかったはずである。プチ・ブル的な倹約精神の身についた買い物客は、商品にいかに欲望を刺激されたとはいえ、自分を納得させてくれる理由がなければ、衝動買いにどうしても罪悪感を感じてしまうことになる。だが、このとき、「よりよき生活を送るためには、これはぜひ買わなければならない商品だ」という励ましの声が聞こえれば、それは階級の義務としての買い物であり、良心にとってなんら咎《とが》むべきところはない。

　こうして、消費者は、デパートの声援を受けて、ワン・ランク上の生活を目指して、懸命に働き、その稼ぎをデパートという学校に授業料として納入することになった。

こうしたブルジョワ社会の教育者ブシコーという側面は、デパート内部、つまり、従業員の管理の面でも遺憾なく発揮されていた。ブシコーは、〈ボン・マルシェ〉をブルジョワ社会のシンボルとするためには、そこで働く店員自身をまずブルジョワ化しなければならないと考えたのである。

そして、それまでは、学のないがさつな人種と見なされていた店員を、利益循環システムと段階的昇進システムの導入によって、だれよりも礼儀と謙譲を身につけたブルジョワ、ブルジョワに奉仕するブルジョワ、ひとことで言えばホワイト・カラーという存在に変えることを目指したのである。この意味で、ブシコーはすべての者がホワイト・カラーのサラリーマンであるような現代社会の創設者でもあるのだ。

結論的に言えば、ブシコーの発明したデパートが、いまの西欧社会のような高度産業社会を作ったのである。そして、とりわけ、社会全体がデパートであるような日本の社会こそは、ブシコー学校の優等生なのである。

パリのデパート小事典

ベル・ジャルディニエール　la Belle Jardinière

【当初は「ア・ラ・ベル・ジャルディニエール　A la Belle Jardinière」（現存せず）】

「マガザン・ド・ヌヴォテ」としてスタートしたのは「ボン・マルシェ」よりも古い。歴史家によっては、パリ最古のデパートとする者もいる。

一八二四年、パリはシテ島のランテルヌ通り（一八三四年からはシテ通り）からフルール河岸（現在のコルス河岸）にかけての敷地に創業者のピエール・パリソが開店したマガザン・ド・ヌヴォテを起源とする。この敷地を得るまで、パリソは職人街のフォーブール・サン＝タントワーヌ通りでマガザン・ド・ヌヴォテ「ア・ラ・ベル・フェルミエール　A la Belle Fermière」を経営していたが、そこを売却して、ラファエロの名作「美しき女庭師（ベル・ジャルディニエール）」から取ったこの店名に変えて一等地のシテ島に進出したのだ。ちなみに、十九世紀のデパートやマガザン・ド・ヌヴォテには「ア・ラ　A la」とか

「オ Au(x)」などの前置詞がつくことが多いが、これは英語なら At the に相当している。店名にこうした場所的な前置詞と冠詞をつけるのが流行していたのだ。「ベル・ジャルディニエール」はラファエロの名画をあしらった看板を掲げ、セーヌに面したファサードには同じ壁画を描いていた。

当初は、工場で大量生産した生地を格安で販売するという「マガザン・ド・ヌヴォテ」の商法で人気を呼んだが、やがて、既製服、とりわけ、男性用のレディー・メイドの作業着(ブルゾン)、上着(パルト)、それにスーツを手掛けて大成功を収め、一八五五年の万国博覧会でも、その大量仕入れ・大量販売の商業形態が高く評価されて、グラン・プリを獲得し、店舗も拡大した。第二帝政期には「ボン・マルシェ」に匹敵するか、あるいはそれを上回る売り上げを誇っていた。

セーヌ県知事オスマンによるシテ島大改造で、一八六七年に対岸のメジスリ河岸に店舗を移さざるをえなくなると、移転を機に本格的なデパートへの業態変更を図り、建築家アンリ・ブロンデルの設計になる吹き抜け天井を持つ広壮な建物を造ったが、メジスリ河岸の地盤が軟弱で基礎工事に金がかかりすぎたことが躓《つまず》きの石となった。さらに、世紀末にかけて時代が富裕化するにつれ、どのデパートもアッパー・ミドルをターゲットとするようになったが、低価格商品が中心だった「ベル・ジャルディニエール」は次第に競争力を落としていった。ポン・ヌフ通りを挟んで反対側に誕生した「サマリテーヌ」との競合も相乗効果を上げるには至らなかった。さらに、「軍服を誂えるなら『ベル・ジャルディニエール』」という定評も、第二次世界大戦におけるフランスの敗北を機に軍人を英雄視する風潮がなくなったため、逆に作用するようになった。戦後は、スポーツ用品に活路を見いだそうとしたが、こちらは時代が早すぎて、一九七二年には閉店を余儀なくされた。建物は、家具専門店「コンフォラマ」に引き継がれたが、壁面の上のほうにはしばらくのあいだＢＪの文字が刻まれたままになっていた。しかし、このロゴも、建物がＬＶＭＨグループの所有に帰したのを機に消え、老舗デパート「ベル・ジャルディニエール」の痕跡はパリから完全に消滅したのである。

グラン・マガザン・デュ・ルーヴル　Les Grands Magasins du Louvre

【当初は「ギャルリ・デュ・ルーヴル　Les Galeries du Louvre」ないしは「オ・ルーヴル　Au Louvre」】

一八五五年に銀行家のペレール兄弟が開発した大型商業施設「ギャルリ・デュ・ルーヴル」の一階にオープンしたデパート。

一八五三年にナポレオン三世に抜擢されてセーヌ県知事に就任したオスマンはパリ大改造の第一次工事として、工事途中で中断されていたリヴォリ通りの開通に着手したが、そのさい、リヴォリ通りとパレ・ロワイヤルの間の街区も再開発することにした。

ところが、折からの不況が災いして、サン・トノレ通りとリヴォリ通りの間の広大な敷地に買い手がつかなかったので、オスマンは第二帝政の金庫番であるペレール兄弟に頼んで敷地を買い上げてもらうことにした。ペレール兄弟は一八五五年万博のために近代的ホテルを建設するようにというナポレオン三世の要請を受け、建築家アルフレッド・アルマンにホテル用の建物を建設させたが、ホテル需要が意外に少ないのではと心配し、新ホテル「オテル・デュ・ルーヴル」の営業は三階だけにとどめ、一階にはテナントを入れることにした。

これに目をつけたのが、マガザン・ド・ヌヴォテの大手「オ・ポーヴル・デアーブル Au Pauvre Diable」の店員だったアルフレッド・ショシャールだった。彼は、オーギュスト・エリオ、シャルル＝ウージェヌ＝レオンス・ファレと組んで「ファレ・ショシャール・エリオ会社」をつくり、「ギャルリ・デュ・ルーヴル」の一階を借り切ってここにデパート「ギャルリ・デュ・ルーヴル」を開業することにした。エリオは「ア・ラ・ヴィル・ド・パリ」の売り場主任、ファレは既述の「ア・ラ・ベル・フェルミエール」をピエール・パリソから買い取った人物だったが、三人の出資金を合わせてもペレール兄弟の要求する金額には届かなかった。

しかし、社会の繁栄は消費セクターの充実と資本の流通にあるとするサン・シモン主義の忠実な使徒だったペレール兄弟はショシャールたちの意気に感じ、足りない資本は自分たちが融資して、「ギャルリ・デュ・ルーヴル」の開店を助けることにした。こうしてパリ万博の開催に合わせて「ギャルリ・デュ・ルーヴル」は一八五五年に開店したのである。「ギャルリ・デュ・ルーヴル」は、ファレが手を引いたあと、ショシャールとエリオの経営よろしきを得て急成長を遂げ、建物の二階まで借り切って、一八六五年には千五百万フランの売り上げを誇る巨大デパートに成長を遂げた。店名も「グラン・マガザン・デュ・ルーヴル」と変わった。

一八七二年に大改造を遂げて巨大デパートに変身した「ボン・マルシェ」に対抗するため、ショシャールとエリオは一八七五年に店舗の拡大を決意し、通りの反対側に移転した「オテル・デュ・ルーヴル」が占めていた三階にも店舗を広げた。こうして、二つの巨大デパートによる「デパート戦争」が開始され、社会は消費資本主義の段階に入ったのである。

エミール・ゾラはこの頃に、デパート小説『ボヌール・デ・ダム百貨店』を書くに当たって、「ボン・マルシェ」と「グラン・マガザン・デュ・ルーヴル」を詳しく取材し、主人公オクターヴ・ムーレの造形にブシコーとショシャールを使っている。

しかし、一九〇〇年にメトロが開通し、路線バスが乗合馬車に取って代わり、商業の中心がオペラ座裏のオスマン大通りのデパート「ギャルリ・ラファイエット」と「プランタン」周辺に移ると、「グラン・マガザン・デュ・ルーヴル」は次第に下り坂に向かったが、止《とど》めを刺したのは、一九四三年の連合軍のパリ空襲で、イギリス空軍の爆撃機ランカスターがドイツ軍の迎撃機によって撃墜された事件だった。というのも、ランカスター機はなんと「グラン・マガザン・デュ・ルーヴル」の真上に墜落し、店舗を全焼させたからである。

戦後、「グラン・マガザン・デュ・ルーヴル」は大改装を施し、再スタートを切ったが、一度傾いた経営を立て直すのは難しく、一九七四年に店舗を閉じ、跡を骨董屋の集合体「ルーヴル・デ・ザンティケール」に譲った。この「ルーヴル・デ・ザンティケール」も二〇一九年に扉を閉じ、現在はカルティエ財団による再開発が進行中である。

プランタン　Le Printemps

【当初は「オ・プランタン　Au Printemps」　＊現在は「プランタン・オスマン　Le Printemps Haussmann」】

「ボン・マルシェ」の売り場主任だったジュール・ジャリュゾが独立してオスマン大通りとアーヴル通りの角に一八六五年に開いたデパート。

「ボン・マルシェ」「ベル・ジャルディニエール」「グラン・マガザン・デュ・ルーヴル」の創業者がマガザン・ド・ヌヴォテの店員から叩き上げて、それぞれ独自の道を切り開いた立志伝中の人であるのに対し、「プランタン」「サマリテーヌ」の創業者は、こうした第一世代の創業者のデパートに勤務することで創業者の開拓したノウハウを学んだ第二世代のデパート経営者であるといえる。

バシュリエ（大学入学資格保有者）であったジュール・ジャリュゾは親の決めた軍人への道を拒否し、当時まだ低学歴職業だった商業の道に入ることを決意、いくつかのマガザン・ド・ヌヴォテでキャリアを積んだあと、「ボン・マルシェ」に入り、売り場主任に昇格する。そして、一八六四年、客として店にあらわれた「コメディ・フランセーズ」の女優オーギュスティーヌ・フィジャックを見初めて結婚したが、この結婚が彼に大きな幸運をもたらした。というのもフィジャックは三〇万フラン（三億円）という持参金をもって嫁いできたので、ジャリュゾはその持参金を元手にオスマン大通りとアーヴル通りの角という絶好の敷地に土地を買い、「プランタン」を開業することができたからである。

ただ、「プランタン」開店当時のオペラ座裏の一帯はオスマン改造の真っ只中で、最良の商業地とはいえなかったが、ジャリュゾは将来の伸びしろを見越してこの建設用地を選んだのだった。「ボン・マルシェ」の売り場主任として仕入れと販売の両方を自由裁量で統括した経験によってデパート経営のノウハウを完全に身につけていたジャリュゾは、開店早々、「プランタン」を右岸の人気デパートとすることに成功した。

その秘訣は、

①品目を極端に絞ったうえで、高品質・低価格路線を貫徹したこと。とりわけ、「マリ・ブランシュ」と命名した黒の絹地を独占販売したのが人気を呼んだ。

②ソルドの回転を早くし、下げ幅を大きくしたこと。

いずれも、ボン・マルシェ時代にブシコーからたたき込まれたノウハウだが、ジャリュゾはこれを決断力をもって実行に移したのだ。しかし、好事魔多し、一八七〇年からの普仏戦争とそれに続くパリ・コミューンの混乱で売り上げが激減したのである。「ボン・マルシエ」はこの時期にちょうど拡張工事に入っていたので損害は少なかったが、新規参入したばかりの「プランタン」には余裕がなかったので倒産寸前の危機に見舞われた。だが、ジャリュゾは怯まなかった。パリ・コミューンが崩壊して平和が戻ると、徹底した在庫一掃セールを実施、「ボン・マルシェ」と「ルーヴル」に差をつけたのだが、二つのデパートが売り場拡張を終えて戦線に復帰するとアドヴァンテージはたちまち消えた。そこで、ジャリュゾも負けじと売り場拡張競争に参入し、プロヴァンス通りの建物を二つ買収すると、これを空中廊下で結び、一八七四年に新装開店した。新しい売り場には、一八六七年万博で話題を呼んだレオン・エドゥー考案の水圧エレベーターを導入、新しい売り物とした。「なんでもいいから、客を来させてしまえ。来たら、かならず何か買う」というブシコー仕込みのデパート商法が見事に花開いたかたちだった。

だが、一八八一年三月、大きな試練が「プランタン」を襲う。本館のガス灯に点灯中、火がカーテンに燃え移り、その炎でガス管が爆発を起こして本館が全焼、別館も大きな被害を被ったのだ。

しかし、このカタストロフィーにもジャリュゾはくじけなかった。大火から一年もたたないうちにポール・セディーユ設計になるネオ・ロココ様式の新館の建設を開始し、被害を被ったプロヴァンス通り側の建物もすべて取り壊して、一八八三年には、電気照明、圧搾空気など最新鋭の設備を取り入れた売り場面積一万平米の新しい「プランタン」を完成させたからである。

四隅にロトンド（円形建物）を配したポール・セディーユ作の「プランタン」新館はホイップ・クリーム様式ともいわれた装飾過多の外観や、画家で彫刻家のカリエ゠ベルーズによるロトンドのクポール（丸天井）と彫刻、それにオペラ座の外壁モザイクを担当したジアンドメニコ・ファッキーナによる店名PRINTEMPSを囲むモザイク、内部改装のたびに付け加えられたアール・ヌーヴォー様式の鋳鉄細工、さらに一九一〇年の改装で加えられた中央吹き抜け部分を覆うアール・ヌーヴォー様式の巨大な鉄とガラスの丸天井など、いずれも、世紀末からベル・エポックの時期の代表的建築様式であった。この新館は「セディーユ館」と呼ばれる。

ちなみに、中央吹き抜け部分は現在、フロアーで塞がれているが、アール・ヌーヴォーの丸天井の下にはレストランが用意されていて、素晴らしい建築遺産を鑑賞しながら、料理に舌鼓を打つことができる。価格もランチならそれほどに高くはない。

この「セディーユ館」の横に、同じくオスマン大通りにファサードを向けて建つのが、一九〇七年に建築家ルネ・ビネによって建てられた「ビネ館」である。一九〇五年、創業者ジャリュゾの後を受けて「プランタン」の社長に就任したギュスターヴ・ラギオニはデパート競争激化を受けて、どこにもなかったような壮麗なデパートを建設しようと決意、オスマン大通りの隣の敷地を買収すると、一九〇〇年万博の正門の建築家ビネを建築主任として、すべてまるごとアール・ヌーヴォーのようなすさまじいまでの装飾性に満ちたデパートの建造にとりかかった。

こうして一九一〇年に完成したのが通称「ビネ館」で、鋳鉄芸術の極致といえるような階段手摺りの装飾は、アール・ヌーヴォーの芸術家の合同事務所である「アトリエ・プリマヴェーラ」が担当、極端に装飾的な内装をつくりあげた。

ところが、第一次世界大戦も凌《しの》いで順風満帆だった「プランタン」は一九二一年に再び大火に見舞われる。幸い、「セディーユ館」の方は無事だったが、アール・ヌーヴォー様式を駆使した「ビネ館」は全焼、鋳鉄細工は無残に溶解し、再建は不可能と見えた。この「プランタン」の大火は、日本の白木屋火事のような都市伝説を生んだらしく、私もその昔、年配のフランス人からその都市伝説を聞かされたことがある。ただし、そのフランス人は火事にあったのは「プランタン」ではなく「ボン・マルシェ」と記憶していたので、私は訂正してやった。「ボン・マルシェ」でもバック通り側の新館で火事があったことがあるが、被害は少なかったのだ。

しかし、このときにも、建築家のジョルジュ・ウィボーが火災に強いアメリカのデパート建築の工法を用いて改修工事に取り掛かり、「ビネ館」の改修を完了した。今日、「プランタン」を外側から眺めると、四隅のロトンドはネオ・クラシック様式だが、メインの建物は近代的に見えるのはこの火災による再建工事のためなのである。

一九〇三年に開通していたメトロの三号線に加えて、一九二三年に九号線が開通すると、「プランタン」とその隣の「ギャルリ・ラファイエット」は地の利を得て大きく発展し、一九二〇年代から三〇年代にかけて、先発の「ボン・マルシェ」や「グラン・マガザン・デュ・ルーヴル」を凌いでパリのデパート競争の覇者となってゆくのである。

第二次世界大戦後、「プランタン」は支店網を拡張させる路線を進み、テルヌ大通りやレピュブリック広場にあった「マガザン・レユニ」が閉店すると、これを傘下に収め、一九七〇年代には高島屋と提携して、八〇年代には東京にも進出したが、いまでは本店に経営努力を集中させ、店名も「プランタン・オスマン　Le Printemps Haussmann」としている。

サマリテーヌ　La Samaritaine

一八七〇年にシャラント・アンフェリユール県出身のエルネスト・コニャックがポン・ヌフの袂の小さな建物の一階を借りて開いたマガザン・ド・ヌヴォテ「サマリテーヌ」が起源

である。コニャックが一八七二年に「ボン・マルシェ」の婦人既製服売り場の筆頭売り子だったマリ＝ルイーズ・ジャイと結婚するや、またたくまに大発展を遂げ、巨大デパートに成長していった。ジャイが「ボン・マルシェ」の歩合給制（ゲルト）を利用して蓄財した二万フラン（二千万円）を持参金として夫に与え、夫妻が周囲の建物を買い取って売り場面積を拡大する原資としたことが大きかったが、しかし、「サマリテーヌ」大発展の原動力は「ボン・マルシェ」で習得した夫人の販売戦略と方法にあった。すなわち、女性客の購買心理を熟知したジャイ夫人が次々に繰り出す新しい販売戦術が売り上げの急拡大を支えたのである。

父親が死んだため十二歳でラ・ロシェルのマガザン・ド・ヌヴォテの店員となったエルネスト・コニャックは十五歳でパリに上って「グラン・マガザン・デュ・ルーヴル」の店員となるが芽が出ず、郷里とパリを行き来するうち、一八五六年に入店したパリのマガザン・ド・ヌヴォテ「ヌヴェル・エロイーズ」でマリ＝ルイーズ・ジャイと知り合い、結婚を申し込んだ。しかし、ジャイは持参金なしで結婚するのは夫の奴隷になるに等しいという理由でいったん申し込みを断ったが思い返し、たがいに一生懸命働いて、目標とする金額が貯まった時点で結婚しようとコニャックに誓った。

かくして、ジャイは売り上げが伸びればゲルト制で上限なく金を稼げる「ボン・マルシェ」に入店し、たちまち頭角を現して、婦人用既製服売り場の第一売り子の地位まで昇進し、蓄財に励んだ。

いっぽう、コニャックはというと、こちらもおおいに奮起して一八六七年にレ・アール近くのチュルビゴ通りに自前の店を開いたが、売り上げが伸びず、閉店に追い込まれ、昔、ポン・ヌフの揚水場「サマリテーヌ」のあった凹部に設けられた仮設の布地販売所で店員として雇われるまでに落ちぶれた。

ところが、揚水場のシンボルマークだった渇くイエスに水を与えたサマリア女（サマリテーヌ）の御加護があったのか、ポン・ヌフの仮設売り場でコニャックは初めて商才を発揮し、蓄財に成功して一八七〇年にポン・ヌフを渡りきった右岸にある、ポン・ヌフ通りとモネ通りの間の三角地帯に、先に述べたような小さな店舗を開き、勝機をもたらしてくれたサマリア女への感謝を込めて店名を「サマリテーヌ」と命名したのである。これが後に周囲の敷地を買い増しして「サマリテーヌ」の一号館になる。

「サマリテーヌ」は夫婦二人の経営のよろしきを得て順調に成長を遂げたが、その大きな発展のきっかけとなったのは、コニャックが一八八三年に建築家のフランツ・ジュールダンと出会ったことだった。ある日、隣の建物を借りたコニャックが、その建物を建築したフランツ・ジュールダンに隣接壁に穴を開けていいか許可をもらいにきたので、ジュールダンは許可を与えた。ところが、コニャックが壁を支えることもなくいきなり穴を開け始めたので驚いて抗議を申し込んだところ、逆にすっかりコニャックに気に入られ、一号館の内装の改装をまず任された。

コニャックとジャイの夫妻は、パリのデパートの覇権を握るカギはファサードの装飾芸術にありと確信していたので、一九〇五年にルーヴル河岸とモネ通りにファサードを持つ新館の建設に取り掛かったときには、ジュールダンにすべてを任せることにした。だが、ジュールダンは夫妻の要求を満たすには自分一人の才能では足りないと判断、友人のモダン建築家アンリ・ソヴァージュの力を借りることにした。

こうして一九〇六年に部分的に出来上がった（全館完成は一九〇九年）のが、デパートのファサード建築の転換点となったともいわれる「サマリテーヌ」二号館である。

店名を際立たせているのは、アール・ヌーヴォーの代表的画家ウージェーヌ・グラッセのモザイクで、ファサードと入口、および内装の鋳鉄と銅板の装飾はエドゥアール・シェンクである。賛否両論あったが、とにかく、過激な芸術性によって顧客を驚かせ、興味をかき立てるというコニャックの意図は十分に達せられたのである。

コニャックは追撃の手をゆるめず、一九一二年にはジュールダンの設計に基づき、まずリヴォリ通り側にアール・ヌーヴォー様式の新館（三号館※後に改築してアール・デコ様式に）を建設した。さらに、コニャックの死後、「サマリテーヌ」は一九三〇年代にアール・デコ様式の四号館を一号館の隣に増築し、売り場面積では、「ギャルリ・ラファイエット」を凌いでパリ随一の巨艦店（四万八千平米）となったのである。売り上げも、一八七五年には八十万フランだったものが、一八八二年には六百万フラン、一八九八年には五千万フラン、一九二五年には十億フランに達した。

また、一九一七年には、コニャックとジャイの夫妻はキャプシーヌ大通りにアッパー・クラスをターゲットとしたデラックスな新館「サマリテーヌ・ド・リュクス」を開いたが、これは子供のいない夫妻が唯一の楽しみとしたグルーズやフラゴナールなどの十八世紀絵画コレクションの展示スペースを確保するためでもあった。一九二八年、コニャックが死ぬと、コレクションはパリ市に寄贈され、「サマリテーヌ・ド・リュクス」に隣接する建物に「コニャック＝ジャイ美術館」が開設されたが、この美術館は「サマリテーヌ・ド・リュクス」の閉店に伴い、一九八六年にマレ地区のドゥノン館に移転された。

一九五〇年から始まる繁栄の三十年間にはテレビやラジオで喧伝された「サマリテーヌには何でもある」のキャッチフレーズで成長を続けたが、一九七〇年代のドルショック、オイルショックを境に売り上げが減少し、低空飛行が続いた。私が最初に訪れた一九八四年には見る影もないほどに落ちぶれて、閑古鳥が鳴く有り様だった。セーヌ川を見晴らす立派な食堂は大学の学生食堂並みの貧弱ぶりで、「去年の雪、いずくにありや」と慨嘆させた。

二〇〇一年「サマリテーヌ」はＬＶＭＨグループに全株式を委譲してその傘下に入ったが、ＬＶＭＨグループは建物の老朽化を理由に、二〇〇五年六月に全館を閉店とした。再開は二〇一一年の予定だったが、十年延期されて、二〇二一年、コロナ下でのリニューアル・

オープンとなった。リヴォリ通り側のアール・デコ様式の四号館は取り壊され、妹島和世と西沢立衛の共同事務所SANAAの設計になる波打つガラスのファサードの現代建築に取り替えられた。また、「サマリテーヌ」発祥の地であるセーヌ側の建物の半分はデパートとしては使用されず、セーヌを見下ろす絶景のファサードには豪華ホテル「シュヴル・ブラン」が入居している。

バザール・ド・ロテル・ド・ヴィル（通称　ベー・アッシュ・ヴェー）Le Bazar de l'Hotel de Ville（BHV）
【現在は「ベー・アッシュ・ヴェー　マレ　BHV MARAIS」】

リヴォリ通りを挟んでパリ市庁舎（オテル・ド・ヴィル）の反対側にあるデパート。創業は古く一八五六年。場所はリヴォリ通りの同じ場所である。

リヨンで小間物商を営んでいたグザヴィエ＝フランソワ・リュエルはマドレーヌ・ポンセリーと結婚すると一八五二年にリヨンを離れてパリに上ったが、しばらくは通りの呼び売り商人の元締めのようなことをやっていたらしい。

一八五四年、リュエルはリヴォリ通りを挟んでオテル・ド・ヴィルと向き合う場所に小さな小間物や雑貨を売る店を開いた。あるとき、リヴォリ通りを走ってきた馬車がリュエルの小間物店の前に差しかかった瞬間、馬がなにかに脅えて暴れだした。驚いたリュエルは通りに飛び出し、先頭の馬にまたがると巧みに御したので大事故には至らずに済んだ。すると、馬車に乗っていた貴婦人がお礼を述べ、リュエルの店で大量の買い物をして彼の勇気に報いた。その貴婦人はなんとナポレオン三世の皇后ウージェニーだったのである。リュエルはこの出来事を最大限に宣伝に利用すると同時に、オリエントの市場バザールをヒントにした多種目商品の小間物・雑貨店を新たに開店し、真向かいにあるパリ市庁舎《オテル・ド・ヴィル》の名前をかりて「バザール・ド・ロテル・ド・ヴィル」と命名した。一八六〇年のことである。店の経営は妻のマドレーヌが当たった。店舗は最初、リヴォリ通りとタンプル通りの角の小さな面積を占めるに過ぎなかったが、時代への嗅覚が鋭かったリュエルは、「ボン・マルシェ」などの成功を見て、これからは多種目商品を一ヵ所に最大限に集めることがポイントとなると確信、それには売り場面積を最大化するしかないと結論して、一八八〇年からは、近隣の建物を積極的に買収して、日常生活に必要な部品や道具ならなんでも揃う百貨店というコンセプトを打ち出し、婦人衣料が出自である他の百貨店との差異化を図った。

この路線は、モーパッサンの短編「田舎の日曜日」からもわかるように、ブルジョワやプチ・ブルなどが都市郊外に週末用のヴィラや農園を持って、日曜大工や家庭菜園を楽しむ風潮があらわれると、見事にシンクロし、「どんなものでも、どんな部品でも売っている百貨店」というBHVのイメージを定着させた。

リュエルが一九〇〇年に没すると、跡をついだ孫のアンリ・ビギエはこの路線を受け継いで、さらなる発展を図るため、一九一二年に、建築家オーギュスト・ロワに設計を依頼して全面的改装に着手した。すなわち、あえて時代に逆らうように、プランタンを真似て、建物の四隅にネオ・ロココ様式のロトンドを配し、その代わり、店内は思いきり合理化したレイアウトの棚配置にして、部品一つを探す顧客が目的の売り場に辿りつけるようにしたのである。この方針は、第二次世界大戦後も堅持され、フランスが大量消費社会となる一九八〇年代後半まで続いた。

この急成長期に、BHVは全国にチェーン網を張り巡らし、その数三十以上を数えた。

ちなみに、私は一九八四年から一年間、パリに暮らしたが、そのとき、パリの生活者にとってBHVは最後の頼みの綱であるという事実をあらためて思い知らされた。台所、浴室、トイレ、ドア、それに車など、この時代のフランスの部品はよく壊れたので、そのたびにBHVの部品専門の地下一階に足を運んだのである。日本だったら、とっくに生産中止になっているような古い部品でもBHVの地下一階に行けば、かならず見つかって胸をなで下ろすことが一度や二度ではなかった。フランスでは職人の手間賃が異常に高く、また付加価値税（TVA）も高額なため、不器用な私でもDO-IT-YOURSELFを行わざるをえず、それにはBHVだけが頼りだったのである。

しかし、一九八〇年代後半に、フランスも遅ればせながら大量消費社会の仲間入りをすると、ＢＨＶの業績は急降下することになる。壊れた部品を補うのではなく、製品ごと買い替えるスタイルが浸透したことと、車社会の到来に伴い郊外に電化製品や台所・浴室用品を扱う量販店が生まれたためである。これに、インターネット通販の普及が追い打ちをかけた。

その結果、ＢＨＶは一九九一年から「ギャルリ・ラファイエット」グループの傘下に入り、再建を目指すことになる。全国に張り巡らされていたＢＨＶチェーンのほとんどが一九九〇年代から二〇〇〇年代にかけて閉店し、現在残っているのはパリ郊外の一店舗だけである。北京、ベルリン、ドバイ、ジャカルタとあった海外店も現在はベイルート店だけになっている。

だが、ＢＨＶは死なず、見事に蘇った。

ひとつは、ＢＨＶが位置するマレ地区が「レトロが新しい」というレトロ・モダンの風潮を受け、モードの街に変容したことである。昔からＬＧＢＴの街だったことも追い風となり、ＬＧＢＴ的な新しいファッションが日本人によって「北マレ」と命名されたタンプル地区から生まれたのを見た「ギャルリ・ラファイエット」の経営陣は二〇〇七年からＢＨＶの路線を大きく転換させて、DO-IT-YOURSELF 関係を地下に集約する代わりに、地上階のほとんどをモードのフロワーにしたのである。二〇一三年には、店名も「ＢＨＶ　マレ」と変更、新しい盛り場としてのマレ地区の中心デパートというイメージを鮮明に打ち出した。

また、ＢＨＶの伝統の一つだったアヴァンギャルドなクリエーターとのコラボを復活させたことも大きかった。その起源はシュルレアリストのマルセル・デュシャンに溯る。デュシャンがシュルレアリスト的なオブジェをつくるための原材料をＢＨＶで調達していることを知った売り場主任が、デュシャン考案になるブリキのワイン・ラックをコラボ製品として売り出したのが始まりで、以後、さまざまな芸術家とのコラボ商品が続いたのだが、二〇〇一年に、展覧会主任に就任したアンドレ・プットマンが「ＢＨＶはアーティストをインスパイアーする」と題したキャンペーンを展開、最先端のアーティストの考案した製品を展示即売したのである。

しかし、二〇二〇年、快調な業績回復を見せていたＢＨＶをコロナ禍が直撃する。経営母体の「ギャルリ・ラファイエット」グループの業績が悪化し、ＢＨＶを売却する方針で交渉に入ったと伝えられたからである。

二〇二三年の段階で、その後のＢＨＶの売却情報は明らかになってはいないが、思うに、ＢＨＶがパリから消えることはないだろう。なぜなら、ＢＨＶはパリのインフラの一つになっているので、ＢＨＶがなくなってしまったら生活できないパリジャンが続出するからである。経営母体が代わっても、この意味で、ＢＨＶは不滅なのである。

最後につけくわえると、創業者のリュエルは慈善家として有名で、地元のマレ地区には彼の寄付によって設立された貧民救済施設が多数存在する。晩年には政治にも乗り出し、パリ市議会議員にも何度か選出された。

ギャルリ・ラファイエット Les Galeries Lafayette

【当初は「オ・ギャルリ・ラファイエット　Aux Galeries Lafayette」とも呼ばれた
＊現在は「ギャルリ・ラファイエット オスマン　Les Galeries Lafayette Haussmann」】

一八九三年、テオフィル・バデールとアルフォンス・カーンというアルザス出身の従兄弟は共同で会社をつくり、ラファイエット通りとショセ＝ダンタン通りの角にデパート「ギャルリ・ラファイエット」を開いた。デパートはなによりも立地だという信念のもとにこの場所を選んだのだ。二人の思惑は見事に当たり、「ギャルリ・ラファイエット」は売り上げを伸ばしていったが、二人はさらにデパートは巨艦でしかも他のデパートが近くにあるのが理想と考えていたので、オスマン大通りの三八番地から四二番地にかけての敷地が売りに出ると、ただちにこの広大な敷地を手に入れた。「プランタン」が同じオスマン大通りの隣の敷地にあったからである。

バデールとカーンはこの広大な敷地を手に入れると、隣の「プランタン」に絶対に負けないような壮麗なデパートを建設しようと決意した。動員されたのはナンシー派の芸術家たちで、一九一二年完成の本館では、地上四十三メートルの巨大クポールのレース模様の鉄骨骨組はエドゥアール・シェンク、ネオ・ビザンチン様式のガラス天井はジャック・グリュベール、バルコニーや階段手摺りなどの鋳鉄細工はルイ・マジョレルがそれぞれ担当し、経営者のイメージした、木漏れ日のように降り注ぐ巨大な森の光というイメージを現実に近づけた。

幸いなことに、この本館は「プランタン」と違って火災に遭わなかったので、今日でも、竣工当時とあまりかわらない姿を見ることができる。私も一九七九年に初めて「ギャルリ・ラファイエット」を訪れたときには、思わず息を呑んだのをよく覚えている。

また、二人の経営者は、他のデパートが文字通りの百貨店化を志向するのに対して、女性モード一本にターゲットを絞り、その売り場をクポールの下のギャラリーに集中させて、富裕層を呼び込む戦略を取った。この戦略が見事に当たり、創業二十五年もたたないうちに「ギャルリ・ラファイエット」はパリのデパートで売上高トップに躍り出たのである。このトップの座は二度の大戦や大恐慌に遭っても揺るがず、二〇一六年の時点で、ロンドンのハロッズ、ニューヨークのブルーミングデールズ、東京の伊勢丹を凌いで世界一のデパートの座を保持している。戦後、日本のデパートの取ったファッション・ブランドを店子として入れるという戦略をいち早く取り入れたのも成功の要因だといわれている。

このブランドもののデパートという評判が、まずアメリカ人、ついで日本人、そして中国人というように、大挙してパリを訪れる富裕な外国人に受けたのである。

コロナ禍で大きく売り上げを落とし、モンパルナス・タワーに入居していた支店は撤退したが、コロナ明けで二〇二三年からは売り上げが急回復しているようである。

マガザン・レユニ　Les Magasins Réunis

多くのデパートがパリから地方へと多店化展開していったなか、フランス北部の都・ナンシーを拠点にして、パリに出ると同時に全国展開していったデパート・チェーン。パリにはテルヌ大通り、レピュブリック広場、それにモンパルナス大通りに店舗があった。一九八〇年に、レピュブリック広場の店舗は「プランタン」に買収された後、所有者が転々と変わった。テルヌ大通りとモンパルナス大通りの店舗は所有者が何度か変わった後、現在は大型書店「フナック」の店舗に変わっている。

「マガザン・レユニ」の起源は、ロレーヌ地方のナンシーに同町のマガザン・ド・ヌヴォテの店員だったアントワーヌ・コルバンが一八六七年に創業したデパート「バザール・サン＝ラザール」に求められる。

コルバンは一八八三年に同じナンシーに巨艦店を出すと、その余勢を駆って一八九〇年にはパリに進出、一八六六年からレピュブリック広場にあったマガザン・ド・ヌヴォテ「マガザン・レユニ」を買収、同じく買収した近隣の店舗と合わせてガラス天井でつなぎ、これを「マガザン・レユニ」という元の名前で再スタートさせた。それに合わせてナンシー店も改称した。

一九〇〇年にアントワーヌ・コルバンが没すると、その息子で、アール・ヌーヴォーのナンシー派のパトロンだったウージェーヌ・コルバンが跡を継ぎ、ナンシーの「マガザン・レユニ」を全面改装して、ナンシー派芸術家たちを総動員してその装飾に当たらせた。ブロンズ彫刻のジュール・カイヤット、ガラス装飾のジャック・グリュベール、カリアティッド（女像柱）のヴィクトール・ブルヴェ、丸天井の鉄骨のルイ・マジョレルなどである。

以後、コルバンは全国の七十の都市に「マガザン・レユニ」の支店を破竹の勢いで建設し、フランス最大のデパート・チェーンとなった。

一九一六年にはナンシーの本店がドイツ軍の爆撃によって破壊されたが、コルバンはひるまず、一九二八年には広大な敷地にピエール・ブルジョワ設計になるアール・デコ様式の広大な建物を完成させた。

コルバンはそのかたわら、パリへの進出も続け、まず一九〇五年にモンパルナス駅近くの敷地を買収し、ここにアール・ヌーヴォー様式のデパートを完成させた。一九〇六年のことである。このデパートは最初「グラン・バザール・ド・ラ・レュ・ド・レンヌ」ないしは「グラン・マガザン・ド・ラ・レュ・ド・レンヌ」と呼ばれたが、一九二〇年代からは「マガザン・レユニ・モンパルナス」と命名された。

しかし、一九二九年の大恐慌を境にモンパルナスが衰退に向かうと、「マガザン・レユニ・モンパルナス」も低空飛行を余儀なくされた。戦後も衰勢は続き、一九六〇年にはアール・ヌーヴォー様式のファサードはダサいと判断されたのか、凡庸なモダン建築のファサードに変えられたが、結局一九七〇年頃に閉店を余儀なくされ、アール・ヌーヴォーの貴重な文化遺産も解体されて、あとを平凡な商業ビルに譲った。

　この新しい商業ビルに一九七四年に入ったのが、大手書籍チェーンの「フナック」である。これは現在も営業している。

　パリにおける「マガザン・レユニ」の三号店は、テルヌ大通りとニエル大通りの角（テルヌ大通り八番地）に造られた。一九一四年までは「エコノミ・メナジェール」という看板を掲げた「ア・ラ・ヴィル・ド・パリ」という安売りマガザン・ド・ヌヴォテがあった敷地である。この敷地の上に四隅のロトンドはネオ・ロココ、メインの建物はアール・デコという折衷様式の「マガザン・レユニ・エトワール」が一九二〇年代につくられたが、これも一九八〇年に「マガザン・レユニ」の持ち株会社が「プランタン」に買収されたため、一時期、「プランタン」の看板を掲げて営業していた。後に所有者を何回か変えたが、現在は、そのままの状態で「フナック・テルヌ」として営業している。

トロワ・カルティエ　Trois Quartiers

【当初は「オ・トロワ・カルティエ　Aux trois Quartiers」＊愛称は「トロワ・キュー　Les Trois QJ」】

一九八九年までマドレーヌ寺院を斜め横から眺めるマドレーヌ大通り二一番地―二三番地で営業していたアール・デコ様式のデパート。

起源は一八二七年に溯る。恋仲だったシャルル＝アルマン・ガロワとマルグリット＝オーギュスティーヌ・ジニューのカップルはある晩、テアトル・フランセで『オ・トロワ・カルティエ（三つの街区で）』という芝居を見てひどく感動した。三つの街区の出身の女性の人生を描いた作品だった。一八二七年に結婚した二人は夫人の持参金を元にして、同年にマドレーヌ寺院の向かいのマドレーヌ広場に小さなマガザン・ド・ヌヴォテを開いて、例の芝居の題名から借りて「オ・トロワ・カルティエ」という店名にした。この時代にはまだマドレーヌ広場界隈は盛り場とはなっておらず、地価も家賃も安かったのである。「オ・トロワ・カルティエ」はその後、マドレーヌ界隈の発展と歩調を合わせるように売り上げを伸ばし、店舗を拡大して、ついに一八九七年には界隈随一のデパートにまで成長した。

マルセル・プルーストの『失われた時を求めて』の『囚われの女』にはアルベルティーヌ

が語り手に対して、「『ボン・マルシェ』か『トロワ・カルティエ』に行って白のギンプ（刺繡された小さなシュミゼット）を買わなくちゃいけないの」と嘘の言い訳をして語り手の拘束から逃れようとする場面が出てくる。『囚われの女』の時代設定は一九一〇年前後と思われるから「トロワ・カルティエ」は以下に述べる改装の前の店舗である。

有名な「トロワ・カルティエ」の全面改装は一九三〇年から三二年にかけて行われた。建築家はアール・デコ様式の代表的建築家ルイ＝フォール・デュジャリックで、その見事なファサードは、パリでは数少ないアール・デコ建築の代表例に数えられたが、戦後、なんどか改修されるうちに何の変哲もないファサードに変えられてしまった。それに合わせるかのように、「トロワ・カルティエ」の営業成績も下降して、ついに一九八九年には閉店の憂き目を見た。

その後、「トロワ・カルティエ」が入居していたビルは地上げの対象となり、一九九〇年代には権利を巡って長い間、訴訟沙汰が続いたが、その後、明治安田生命とイギリスの不動産会社の所有するところとなって、商業ビル「サントル・コメルシアル・ル・マドレーヌ」となった。

二〇一〇年代の初め、ファサードだけ一九三〇年代の「トロワ・カルティエ」に戻そうという計画が持ち上がり、建築家のロラン・グドショーとサバスティアン・スジェールの二人がファサード設計を担当した商業ビル「ル・マドレーヌ」が二〇一九年には完成したといわれるが、私は未見である。

グラン・マガザン・デュファイエル　Les Grands Magasins Dufayel

パリの下町十八区の中心街（というほどのものではないが）クリニャンクール通り二六番地に一九三〇年まで存在していた巨大デパート。

この敷地には大型家具の月賦販売で業績を伸ばしたジャック＝フランスワ・クレスパンの「クレスパン兄商会」の経営する「パレ・ド・ラ・ヌヴォテ」が店を開いていた。番頭をつとめていたのがジョルジュ・デュファイエルで、クレスパンから店を受け継ぐと、周辺の敷地を買い集めて民衆向けの巨大デパートをつくる計画を推し進め、一八九五年、ついに「グラン・マガザン・デュファイエル」を開業した。

その特徴は二つあった。

一つは民衆的界隈である十八区の客層を考え、低価格商品中心のラインナップにしたこと。同一規格だが、とにかく安いが売りだった。今日のユニクロのようなコンセプトだったのである。

もう一つは、クリニャンクール通り、ソフィア通り、クリスチアーニ通り、バルベス大通りに四方を囲まれた広大な敷地に宮殿のような豪華さを誇る建物を建てて、やってきた客たちの度肝を抜くことだった。

そのため、デュファイエルは既存の建物を取り壊し、建築家のマルセル・ルベーグとギュスターヴ・リーヴに依頼してクリニャンクール通りを睥睨《へいげい》するような豪華絢爛たるファサードを持つ巨人的な大きさのドームを建設させたばかりか、その壁面をジュール・ダルーによるレリーフ彫刻「商業と工業を領導する進歩」と名付けた女神像で飾った。さらに大ホールはファルギエールの彫像とリュック＝オリヴィエ・メルソンの壁画で覆った。かならずしも趣味のいいものとはいえないが、民衆が平伏するようなバビロン的な壮麗さに満ちていた。

また、デュファイエルは「ボン・マルシェ」を始めとする先行デパートの客寄せ戦術を研究し、ヴェルサイユ宮殿のルイ十四世の寝室を再現する部屋を設けたり、映画や音楽会を催したりして集客につとめたのが成功し、「グラン・マガザン・デュファイエル」は倍々ゲームで売り上げを伸ばしていった。「クレスパン兄商会」時代に習得した月賦販売の手法を応用し、民衆でも家具や絨毯などの耐久消費財を購入できるようにしたことも大きかった。

だが、その分、財政的に無理をしたのか、一九二九年の大恐慌が訪れるとたちまち資金繰りが行き詰まり、一九三〇年には閉店を余儀なくされた。

しかし、その巨大すぎる建物はなかなか代わりのテナントを見つけることができず、ナチス占領下では軍事物資の倉庫に、また戦後はアメリカ赤十字によって医療品やタバコを保存する倉庫に転用された。

その後、ようやく、「バンク・ナショナル・ド・パリ（BNP）」が入居し、広大すぎる空間も六千人の従業員で満たされるようになった。

壮麗なドームは一九五七年に取り壊されたが、建物と内装はほぼそのまま残っている。クリニャンクール通りからは全景が把握できないが、アンドレ・デル・サルト通りから眺めると、その威容を一望にできる。一見の価値ありである。

ア・レオミュール　A Réaumur

一八九四年にリシュリュー通りとセバストポール大通りを結ぶ幅広の道として開通したレオミュール通り八二番地から九六番地にかけての敷地に一八九七年に造られた高級デパートだが、地の利を得ず、一九六〇年に閉店した。

創業者はロレーヌ出身のジャン＝バチスト・ゴベール＝マルタン。「高級品をリーゾナブルな価格で提供する」を謳い文句に、いわゆるプレタ・ポルテの婦人服を販売したのが人気を呼び、カタログ通販にも手を広げて、開業時には千平米だった売り場を六千平米にまで拡大して急成長を遂げ、パリのほか、メッス、ナント、ブリなど支店を設けたが、戦後は、多くのデパートがプレタ・ポルテに進出したこともあって、ふるわず、一九六〇年に閉店した。

ただ、建築工学的な傑作と呼ばれた建物は現存し、商業ビルとして使われている。

バザール・ボンヌ＝ヌヴェル Le Bazar Bonne-Nouvelle

【当初は「ギャルリ・デュ・コメルス・エ・ドュ・ランデュストリ Le Galerie du Commerce et du l'Industrie」＊最後の店名は「ヌヴェル・ギャルリ・ド・ラ・メナジェール La Nouvelle Galerie de la Ménagère」】

一八三六年（一説に一八三八年）に鉄材卸商のジャン・マルタン・ラベがボンヌ＝ヌヴェル大通り二〇番地に建築家のジョゼフ＝アントワーヌ・フルリシェールとジャン・ルイ・ヴィクトール・グリサールに設計を依頼して建てた巨大な商業施設。当初の名称は「ギャルリ・デュ・コメルス・エ・ドュ・ランデュストリ」だったが、長たらしいので、地名にちなんで「バザール・ボンヌ＝ヌヴェル」と呼ばれるようになった。

デパート史研究では、デパートの定義をどうするかでデパート第一号の認定が分かれるが、多品目商品取り扱いという観点からは、この「バザール・ボンヌ＝ヌヴェル」はデパート第一号の候補の一つに挙げられる。というのも、定番の衣料のほか、地下では化粧品、一階では家庭雑貨、台所用品を売っており、二階にはカフェがあり、さらに三階には劇場、サーカス場、集会場、絵画展示場などの施設が配置され、「パレ・ボンヌ＝ヌヴェル（ボンヌ

＝ヌヴェル宮殿）」とも呼ばれていたからである。一八四八年の二月革命のさいにはラマルティーヌがここで演説した。

ただ、経営スタイルが、経営者が中央集権的に管理するデパート方式ではなく、日本では明治・大正期には勧工場《かんこうば》方式、昭和期にはパルコ方式と呼ばれた多店舗共同出店型のショッピング・センター（ショッピング・モール）形式だったので、デパートの定義からは外れ、デパート史には登場しない。しかし、後にデパートもこの形式を採用するようになったため、再評価が進んでいるのである。

「バザール・ボンヌ＝ヌヴェル」は一八四二年に金融業者のウージェヌ・サラの手に移ったが、一八四九年に火災を起こして半焼したため、一八五一年には営業を停止した。プリンス・トルローニアがこれを一八六三年頃に買い取り、全面改装して「メナジエール La Ménagère」というデパートとして開店したが、一八九九年に全焼し、建物も取り壊された。そのあとに新しく建てられたのが、「ヌヴェル・ギャルリ・ド・ラ・メナジエール La Nouvelle Galerie de la Ménagère（メナジェールの新ギャラリー）」で、デパート形式かショッピング・モール形式かは判然としないが、一九三〇年には閉店し、建物も解体された。その跡地にはＰＴＴ（郵便局）本部が建設され、今日に至っている。

オ・ガーニュ・プティ　Au Gagne Petit

オペラ大通り二三番地の、今日「モノプリ」が入居している建物にあったデパート。始まりは、オペラ大通りに呑み込まれて消失したモワノー通り二二番地に一八四四年に開店した薄利多売商法のマガザン・ド・ヌヴォテ。店名「少ない利益《ガーニュ・プティ》」はその商法に由来している。「サマリテーヌ」の創業者コニャックはこの店で働いていたことがある。オペラ大通りの開通により補償金を得た「オ・ガーニュ・プティ」は一八六〇年頃にオペラ大通りに再出店し、一八七八年（一説に一八七七年）に豪華なファサードの店舗をオペラ大通り二三番地に開店した。閉店時期は不明。

エガリテール　L'Egalitaire

世紀末の消費協同組合運動から生まれた民衆街区の「赤いデパート」の先駆。プルードン派の労働者たちがパサージュ・ド・サン・ルイ・デュ・タンプルに設けた消費協同組合が発展し、十区のサン・マルタン運河近くのサンブル・エ・ムーズ通りの敷地を買い取って、一八八七年に設立した消費協同組合デパート。建築家はラファエル・ロワゾーで、二階と地下階からなっていた。建物は現存するが、この「赤いデパート」がいつまで営業していたかは不明。

アリヤンス・デ・トラヴァイユール　L'Alliance des Travailleurs

パリの西郊のルヴァロワ＝ペレのシャロレ通り八番地で一八九〇年に誕生した消費協同組合が、一八九九年に同じ町のコルネイユ通り（今日のアナトール・フランス通り）七三番地に建設し、一九〇二年に開業した三階建ての立派なデパート。三階は三千人を収容する集会室になっていたのが、いかにも消費協同組合デパートらしい。建物の建設に資金をつぎ込みすぎたため、組合は経営困難に陥り、一九一一年に解散した。建物がその後、どうなったかは不明。

ベルヴィロワーズ　La Bellevilloise

二十区ベルヴィル地区のボワイエ通り一九番地―二一番地につくられた消費協同組合デパート。現在はコンサート・ホールとして使われている。

プルードンが提唱した「生産者からの直接購入、消費者への直接販売」の理念に基づき一八七七年にベルヴィル地区の機械工たちによって結成された消費協同組合「ベルヴィロワーズ」が二十区のアンリ・シュヴロー通り一六番地に借りた小さな店舗が出発点だった。蓄積した分配金を使って一八八七年にボワイエ二一番地の店舗を購入、組合は拡大するにつれて周囲の土地を買い集め、一九一〇年にエマニュエル・シェーヌの設計になる三階建ての消費協同組合デパート「ベルヴィロワーズ」を建設した。消費協同組合自体は「バンク・ウヴリエール・エ・ペイザンヌ（労働者・農民銀行）」、通称「ＢＯＰ」が倒産したため、資金繰りに行き詰まり、一九三六年に破産したが、地域住民に親しまれた建物は集会やコンサートに使われ、今日では地域自治の拠点となっている。

「マガザン・ド・ヌヴォテ」一覧

第二帝政下に、いわゆる「ボン・マルシェ」革命が起こって、デパートという概念が成立したが、それ以前あるいは同時期に「ボン・マルシェ」に匹敵ないしはそれを上回る規模の「マガザン・ド・ヌヴォテ」がパリのいたるところに誕生していた。ただし、商法は「ボン・マルシェ」の域には至らず、また多品目取り扱いの大規模店という定義には外れることもあり、デパート史では取り上げられることは少ない。また、二十世紀までデパートとして生き残ることはできなかったことも軽視の原因となった。以下に、規模の大きい「マガザン・ド・ヌヴォテ」の建物の建設時期と場所を挙げておく。ただし、実際の開店時期と閉店時期については不明のものが多い。

「グラン・バザール　Le Grand Bazar」　建設時期　一八二五年　場所　サン・トノレ通り二五一番地

「バザール・ド・ランデュストリ　Le Bazar de l'Industrie」　建設時期　一八二七―二九年　場所　ポワソニエール大通り二七番地

「バザール・ド・ブフレール　Le Bazar de Boufflers」　建設時期　一八二九年　場所　イタリアン大通り一九番地

「バザール・ド・モンテスキュー　Le Bazar de Montesquieu」　建設時期　一八三〇年　場所　モンテスキュー通り六番地

「ア・ラ・ヴィル・ド・パリ　A la Ville de Paris」　建設時期　一八四三年　場所　モンマルトル通り一七四番地

「ア・ラ・ショセ＝ダンタン　A la Chaussee-d'Antin」　建設時期　一八四四年　場所　ショセ＝ダンタン通り九番地

「オ・コロス・ド・ロード　Au Colosse de Rhodes」　建設時期　一八五六―五七年　場所　ランビュトー通り一六番地

「オ・コロンヌ・デルキュール　Aux Colonnes d'Hercule」　建設時期　一八六一年　場所

リシェ通り三二番地

「オ・コワン・ド・ラ・リュ　Au Coin de la Rue」建設時期　一八六四年　場所　モンテスキュー通り八番地

「オ・タピ・ルージュ　Au Tapis Rouge」建設時期　一八六七年　場所　フォーブール・サン・マルタン通り六五番地―六七番地

「ア・ラ・ヴィル・ド・サン・ドゥニ　A la Ville de Saint-Denis」建設時期　一八六九年　場所　フォーブール・サン・ドゥニ通り九三番地―九五番地

「ア・ピグマリオン　A Pygmalion」建設時期　一八七二年　場所　ストラスブール大通り九番地

あとがき

最近では、東京圏なり首都圏の範囲がスプロール型に拡大してしまって、どんな人間を指して「東京っ子」「東京人」と呼んだらいいか、実に曖昧《あいまい》になってきてしまっているが、私は、自分なりにこれを見分ける指標のようなものを持っている。それは、生活タームの中に「東京に行く」という言葉があるか否かというものである。

東京近郊に育った人間は、たとえ現在は行政区分上の「東京都」に住んでいようとも、いや東京二十三区にいてさえ、たいていこの言葉をほとんど無意識に使っている。だから、地方から上京してきた親類の前で、ふとこの言葉を発すると、「東京にいるのに東京に行くとは変だ」と指摘されて、「東京に行く」の「東京」は「東京の中心部あるいは繁華街」のことだと説明せざるをえなくなる。

私の場合は、横浜生まれの横浜育ちなので、もちろん「東京に行く」というタームは生活の一部に組み込まれていたのだが、まことに恥ずかしいことに、この上さらに「横浜に行く」というタームすらあるのだ。そして、この場合は自分のことなのではっきり分析できるのだが「横浜に行く」とは、具体的には「横浜のデパートに行く」ということを意味していたのである。

子供の頃、大人が「横浜に行こうか」と言うのを聞くと、一緒についていけばデパートのお好み食堂で何か食べられると考えて、ほとんどパブロフの犬さながらによだれが出たのを覚えている。いわんや、「東京に行こうか」と言われたときには、それこそ「東京のデパート」という地上の楽園に行けると考えて、天にも昇る気持ちになったものである。

というようなわけで、私にとっては「大都会」とは即デパートのイメージであり、デパートにはそれだけ思い入れが強かったのだが、パリに一年いたときには、ほとんどデパート中毒という感じで、〈ボン・マルシェ〉を始めとして、〈ギャルリ・ラファイエット〉、〈プランタン〉、〈BHV〉、〈トロワ・カルティエ〉、〈サマリテーヌ〉などパリのほとんどのデパートを歩きまわって、デパート巡りの醍醐味《だいごみ》を存分に味わっていた。第二帝政様式、アール・ヌーボー様式、アール・デコ様式などさまざまなスタイルの大ホールの真ん中にたたずんで、ガラスと鉄でできた天井からふり注ぐ陽光を浴びながら、階段の曲線美や鏡に眩く反射する黄色い光線を眺めているうちに、なぜか、「大都会」「モダン・ライフ」というイメージの源流にたどりついたような気がした。

そして、パリでの活動のもうひとつの柱である古書店巡りをしながら、徐々に草創期のデパートに関する資料を集め始めたが、この過程で、実はデパートという「制度」は、アリスティッド・ブシコーという一人の天才によって「発明」されたことを知った。それは、近代的ジャーナリズムがエミール・ド・ジラルダンによって発明されたのとほとんど同じ軌跡をたどっていた。

エミール・ド・ジラルダンについては『新聞王伝説──パリと世界を征服した男ジラルダン』（筑摩書房）で、一通りのことは書いたので、次はブシコーを押えれば、「近代」の臍《へそ》の緒《お》をつかまえられるのではないかと思っていたところ、講談社現代新書の堀越雅晴氏からフランスの近代について何か書いてみないかというありがたい申し出を受けたので、まさに渡りに船という感じで、ブシコーと〈ボン・マルシェ〉のことを書かせていただくことにした。

なにしろ、これほどに書きたいという気持ちが強かったことはないので、筆の運びも速く、あらためて読み返してみると、うわっすべりの箇所もないわけではないが、それに関しては、デパートの発明者ブシコーに対する私のオマージュであると考えて、どうかご容赦ねがいたい。

最後になったが、かねてよりデパートの誕生に並々ならぬ関心を抱いておられる高山宏氏の『世紀末異貌』（三省堂）と、北山晴一氏の新しい古典『おしゃれの社会史』（朝日新聞社）は、ブシコーと〈ボン・マルシェ〉について書き進めるうえで、常に机上に置いて拳々《けんけん》服膺《ふくよう》させていただいた。記して感謝のしるしとしたい。そして、本書を、ブシコー学校の最優等生であるわが妻、ルリに捧げたい。本書は彼女によってインスパイアされたといっても過言ではないのである。

一九九一年九月三十日

鹿島　茂

学術文庫版あとがき

講談社現代新書で版を重ねていた『デパートを発明した夫婦』がこのたび講談社学術文庫に入ることになった。これを機会に、ブシコー夫妻が十九世紀に創業したデパート「ボン・マルシェ」に対抗して登場した多くのデパートの来歴を「パリのデパート小事典」として付け加えることにした。そのため、タイトルを『デパートの誕生』と改題した。

思えば、『デパートを発明した夫婦』を上梓したのは、三十二年前の一九九一年十一月のこと。私の著作としては『「レ・ミゼラブル」百六景』（文藝春秋）、『馬車が買いたい！ 19世紀パリ・イマジネール』（白水社）、『新聞王伝説 パリと世界を征服した男ジラルダン』（筑摩書房）に続く四冊目に当たり、この年に『馬車が買いたい！ 19世紀パリ・イマジネール』でサントリー学芸賞を受賞したこともあって、脱稿した時、物書きとしてやっていけそうな目処がついたと実感したのを記憶している。

しかし、その一方で、長年のフランス古書収集で累積した借金の額もピークに達していた時期でもあった。たとえば、『デパートを発明した夫婦』でたった二枚の挿絵を使いたいがために、週刊絵入り新聞「モンド・イリュストレ」の三十年分のバックナンバーを買い込んだり、あるいは、「ボン・マルシェ」発行の手帳「アジャンダ」を集めるために年に何度もパリに足を運んだりで、予想される印税をはるかに上回る「設備投資」となり、借金を膨らませる結果になってしまった。

だが、そうした借金苦に喘《あえ》ぎながらも『デパートを発明した夫婦』を執筆していた一九九一年という年は我が人生で最も充実した一年でもあった。というのも、この年には、九月に『新聞王伝説　パリと世界を征服した男ジラルダン』を、十一月に『デパートを発明した夫婦』を、いずれも書き下ろしで世に問うたほか、翌年の十二月に河出書房新社から出版された『絶景、パリ万国博覧会　サン=シモンの鉄の夢』(現在、講談社学術文庫より『パリ万国博覧会　サン=シモンの鉄の夢』として刊行)を書き下ろし中で、いずれの著作でもまだ世界中でだれも書いたことのないことを書いているという意識に励まされていたからだ。

ただし、『デパートを発明した夫婦』は出版した当初はあまり反響を呼ばなかった。私は図々しくも、もしかするとベストセラーになって借金も一気に返済できるのではないかと淡い期待を抱いていたのだが、なかなか再版に至らなかった。ところが、一年たったくらいから少しずつ売れ出し、最終的には二十刷を数えることになる。つまり、ベストセラーにはならなかったが、ロングセラーにはなったのである。

しかも、たんにフランスの文化史として読まれているばかりでなく、小売業というものの本質を学ぶための基本テキストとして講習会などで教科書に使われているという話も耳に入ってきた。なかには、『デパートを発明した夫婦』をバイブルとして熟読含味したおかげで大成功を収めたと伝えてくれた人もいた。著者冥利に尽きる話である。

今回、電子出版も頭に入れて新しく版を組み直し、同じ講談社のシリーズでも、学術文庫に加わることになったので、誤植等の誤りを正したほか、冒頭で述べたように、「パリのデパート小事典」を書き下ろしで加えた。そのさい、何をもってデパートとするかという定義の問題が生じたので、私なりの定義を以下に記しておく。

①一人ないしは共同の経営者による単独経営である。この定義によって、パサージュやバザールなどのように、同一のショッピング・センターに複数の経営者による店舗が家賃を払って入居している商業カテゴリーとは区別される。

②多品目にわたる商品を、売り場ごとにカテゴリー分けして販売している百貨店である。この定義により、大型衣料品販売店であったマガザン・ド・ヌヴォテとは区別される。

③入・退店自由、定価明示、現金販売（ツケ買いなし）、返品可、薄利多売、直接仕入れ・直接販売、誠実第一、バーゲン・セールによる在庫整理、季節限定の大売り出し、目玉商品などの近代的販売方法の確立。これにより、前近代的な要素を残した一部のマガザン・ド・ヌヴォテの騙し商法とは区別される。

④巨大店舗を、劇場的演出によって異次元体験空間へと変え、センス・オブ・ワンダーを喚起するという手法。これは一八六七年の第二回パリ万国博覧会を見学したブシコーが「ボン・マルシェ」新館の建設のさいに取り入れた新機軸で、次のような意味できわめて重要な定義となる。すなわち、「とにかく、なんでもいいから消費者をデパートに来させてしまえ。来たら、かならず何か買って帰る」という新しい商業戦略の誕生である。以後、この商業戦略により、デパートに足を踏み入れた客は、必要によって買うのではなく、その場で欲望を覚えて買うことになったのだ。この一線がクリアーされているか否かがデパートとそうでない大型店舗との区別となる。

⑤女性客単独ではなく、子供や配偶者などを連れたファミリーでの来店を可能にするような大型食堂、おもちゃ・文具売り場、それにアミューズメント施設などが設置されているか否か。これにより、一家揃ってデパートに行くという習慣行動（プラティック）が生まれ、世代を超えた顧客が創出された。この点が十九世紀で終わってしまったマガザン・ド・ヌヴォテと区別される。

以上が、デパートと非デパートを区別するために私が設定した基準であり、「パリのデパート小事典」では、これらの基準を満たした店のみを取り上げることにした。ただし、消費協同組合系の、いわゆる「赤いデパート」についてはなお詳細が不明なものが多く、これらの定義を厳密に満たしているかどうかは今後の解明が待たれるところである。

最後になったが、最も肝心な「ボン・マルシェ」のその後について書いておく。

私が頻繁に訪れていた一九八四年、衣料大手販売業の「ブサック」グループの傘下にあった「ボン・マルシェ」は、「ブサック」そのものが業績不振だったこともあり、売り場にも活気がなく、バック通りに面した別館などはデパートなのに骨董店が入居し、店員たちもひまを持て余してあくびしていた。

この「ブサック」グループをまるごと買い取ったのがアメリカから帰国したばかりのベルナール・アルノーだった。エコール・ポリテクニーク出身のアルノーは父から受け継いだ不動産事業を展開していたが、ミッテラン政権の社会主義政策を嫌って渡米、ドナルド・トランプなどから不動産事業の方法を学んでいた。あるとき、タクシーの運転手から「フランスのことは何も知らないが、クリスチャン・ディオールというブランド名だけは知っている」という話を聞かされ、高級ブランドを統合したコングロマリットを着想し、帰国直後に、自身の不動産会社「アガッシュSE」の株を担保にして資金を調達、「ブサック」グループの全株を買い取り、「クリスチャン・ディオール」「ボン・マルシェ」だけを残して、他の事業は売却した。事業は不振でも、ブランド名が確立されていて、文化的プレステージを持っている企業は再生可能だという信念のもと、アルノーは一九八八年、経営危機に陥っていた

「モエ ヘネシー-ルイ・ヴィトン」グループ、通称LVMHグループの大株主となり、翌年、株式の過半数を買い取ってCEOに選ばれた。

ここから、「モエ ヘネシー-ルイ・ヴィトン」LVMHグループの中核企業として、「ボン・マルシェ」の快進撃が始まる。店名も「オ・ボン・マルシェ」から「ル・ボン・マルシェ」に改め、同時に、ブランド店舗を導入するなどデパート全体の高級化を図った。それには、この頃から顕著になりつつあったパリ左岸の富裕化という現象がある。

パリ左岸は十九世紀中頃までは学生と聖職者の街として金銭とは無縁の地味な地域だった。その街の真ん中に店舗を構えた「ボン・マルシェ」は地の利の悪さを逆手にとった斬新な商法で頭角をあらわしたのだが、第二次大戦後のフランスでは左岸のインテリと右岸のブルジョワの対立が激しくなったため、左岸に位置する「ボン・マルシェ」は金のないインテリ相手の商売を強いられ、業績が悪化したのだ。

ところが、一九八〇年代後半から資本主義が第二の段階に入ると、フランスでは次第に文化資本が金融資本と直接に結びつくようになり、また移民の増加という要素もあって移民の少ない左岸が富裕層の人気を集めるようになった。そのことも左岸の富裕化に大きく影響した。

アルノーは、こうした文化資本と金融資本の結びつきを最大限に利用することで、LVMHグループの大躍進を成し遂げたのだが、「ボン・マルシェ」に関していえば、インテリ富裕層を相手にした食品館「グランド・エピスリ」が業績向上に大きく貢献したことを特記しておこう。実際、この食品館に足を踏み入れると、よくもまあ、ここまで世界の高級食料品を集めたものだと感嘆することしきりだが、これは衣類よりも食にこだわる左岸の人々のメンタリティーを社会学的によく研究した結果であるといえる。

現在、「ボン・マルシェ」はアルノーのＬＶＭＨグループの文化総合戦略を体現した優良企業として業績好調だが、それは、デパート競争の中でいち早く文化を前面に押し出した創業者ブシコーのスピリットをよく受け継いでいるからにほかならない。文化的伝統というものは企業にとっても最大限に利用できる価値なのである。

改訂新版としての『デパートの誕生』を出すに当たって、講談社学芸第三出版部の原田美和子さんにお世話いただいた。この場を借りて感謝の言葉を伝えたい。

二〇二三年八月二十三日

鹿島　茂

参考文献

邦語文献

バルザック『セザール・ビロトー』新庄嘉章訳　バルザック全集第十巻　東京創元社　一九六〇年
同『役人の生理学』鹿島茂訳　新評論　一九八七年
フィリップ・ペロー『衣服のアルケオロジー――服装からみた19世紀フランス社会の差異構造』大矢タカヤス訳　文化出版局　一九八五年
レイチェル・ボウルビー『ちょっと見るだけ――世紀末消費文化と文学テクスト』高山宏訳　ありな書房　一九八九年
ミッシェル・セール『火、そして霧の中の信号――ゾラ』寺田光徳訳　法政大学出版局　一九八八年
北山晴一『おしゃれの社会史』朝日選書　朝日新聞社　一九九一年
高山宏『世紀末異貌』三省堂　一九九〇年
鹿島茂『新聞王伝説――パリと世界を征服した男ジラルダン』筑摩書房　一九九一年

仏語英語文献

1―〈ボン・マルシェ〉発行の資料

Historique des Magasins du Bon Marché, (vers 1903)
Guide illustré du Bon Marché, L'Exposition et Paris au Vingtième Siècle, 1900
Guide offert par les grands magasins Au Bons Marché, Exposition Coloniale Internationale
Catalogue du Bon Marché, 1931
Agenda-Buvard du Bon Marché, 1888/1911/1912/1914/1916/1917/1918

Agenda du Bon Marché, 1922/1923/1924/1925

2—同時代の証言

Auguste Luchet: Les Magasins de Paris, *Paris ou Le Livre des Cent-et-Un,* tome 15, Ladvocat, 1834

Paul de Kock: *Grande ville, Nouveau Tableau de Paris,* tome 1, Victor Magin, 1842

P. Bernard: Le Marchand de Nouveautés, *Le Prisme,* Curmer, 1841

Pierre Giffard: *Paris sous la troisième république, Grands Magasins,* Victor Havard, 1882

Emile Zola: *Au Bonheur des Dames,* Les Rougon-Macquart III Bilbliothèque de la Pléiade, Gallimard, 1964

Emile Zola: *Carnets d'enquêtes, une éthnographie inédite de la France,* Plon, 1986

Georges D'Avenel: Le Mécanisme de la vie moderne I, Les Grands Magasins, *Revue des Deux Mondes,* 1894

J. Valmy-Baisse: *Tableau de Grands Magasins,* Gallimard, 1924

Le Monde Illustré, 23 mars 1872/ 30 mars 1872/ 13 mars 1875

L' Illustration, 23 mars 1872/ 30 mars 1872/ 6 mars 1875

3—研究書

Paul Jarry: *Les Magasins de Nouveautés,* André Barry, 1948

Henriette Vanier: *La Mode et ses Metiers, Frivolités et luttes des classes 1830-1870,* Armand Colin, 1960

Françoise Parent-Lardeur: *Les Demoiselles de Magasin,* Les Editions ouvrières, 1970
Bernard Marrey: *Les Grands Magasins, des origines à 1939,* Picard, 1979
Bernard Marrey: *Le Fer à Paris Acrhitectures,* Picard, 1989
Jeanne Gaillard: *Paris, la Ville 1852-1870,* Honoré Champion, 1977
Michael B. Miller: *The Bon Marché, Bourgeois Culture and the Department Store, 1869-1920,* Princeton University Press, 1981
Rosalind H. Williams: *Dream Worlds, Mass Consumption Late Nineteenth-Century France,* University of California Press, 1982
Philippe Hamon: *Expositions, Littérature et Architecture au XIXe siècle,* José Corti, 1989
Pierre Sipriot: *Ce fabuleux XIXe siècle,* Belfond, 1990

KODANSHA

本書は、『デパートを発明した夫婦』（講談社現代新書一九九一年十一月刊）を改題したものです。

文庫化にあたり、「パリのデパート小事典」の項を加筆、経年や説明が必要と思われた箇所には〔　〕内で著者による説明を補足いたしました。

鹿島　茂（かしま　しげる）

1949年生まれ。東京大学大学院人文科学研究科博士課程単位取得満期退学。明治大学名誉教授。19世紀フランスの社会・小説が専門。『怪帝ナポレオン三世 第二帝政全史』『ナポレオン フーシェ タレーラン 情念戦争1789-1815』（ともに講談社学術文庫），『馬車が買いたい！』（サントリー学芸賞，白水社），『明日は舞踏会』（中公文庫），『思考の技術論』（平凡社）など，著書多数。

講談社学術文庫

定価はカバーに表示してあります。

デパートの誕生《たんじょう》

鹿島《かしま》　茂《しげる》

2023年11月７日　第１刷発行

発行者　髙橋明男
発行所　株式会社講談社
東京都文京区音羽 2-12-21 〒112-8001
電話　編集（03）5395-3512
販売（03）5395-5817
業務（03）5395-3615
装　幀　蟹江征治
印　刷　株式会社広済堂ネクスト
製　本　株式会社国宝社
本文データ制作　講談社デジタル製作

ISBN978-4-06-533965-7

「講談社学術文庫」の刊行に当たって

これは、学術をポケットに入れることをモットーとして生まれた文庫である。学術は少年の心を養い、成年の心を満たす。その学術がポケットにはいる形で、万人のものになることは、生涯教育をうたう現代の理想である。

こうした考え方は、学術を巨大な城のように見る世間の常識に反するかもしれない。また、一部の人たちからは、学術の権威をおとすものと非難されるかもしれない。しかし、それはいずれも学術の新しい在り方を解しないものといわざるをえない。

学術は、まず魔術への挑戦から始まった。やがて、いわゆる常識をつぎつぎに改めていった。学術の権威は、幾百年、幾千年にわたる、苦しい戦いの成果である。こうしてきずきあげられた城が、一見して近づきがたいものにうつるのは、そのためである。しかし、学術の権威を、その形の上だけで判断してはならない。その生成のあとをかえりみれば、その根は常に人々の生活の中にあった。学術が大きな力たりうるのはそのためであって、生活をはなれた学術は、どこにもない。

開かれた社会といわれる現代にとって、これはまったく自明である。生活と学術との間に、もし距離があるとすれば、何をおいてもこれを埋めねばならない。もしこの距離が形の上の迷信からきているとすれば、その迷信をうち破らねばならぬ。

学術文庫は、内外の迷信を打破し、学術のために新しい天地をひらく意図をもって生まれた。文庫という小さい形と、学術という壮大な城とが、完全に両立するためには、なおいくらかの時を必要とするであろう。しかし、学術をポケットにした社会が、人間の生活にとってより豊かな社会であることは、たしかである。そうした社会の実現のために、文庫の世界に新しいジャンルを加えることができれば幸いである。

一九七六年六月

野間省一

デパートの誕生

鹿島　茂

講談社学術文庫